KB025632

장제우의 세금수업

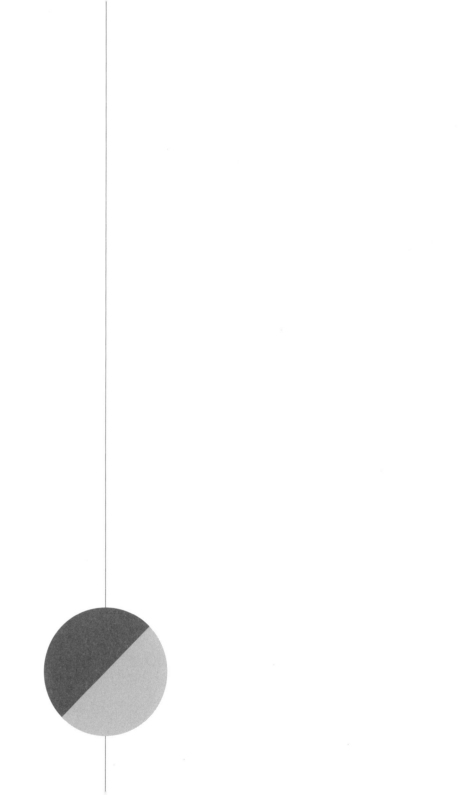

장제우의

세금수업

당신의 세금이 우리 모두의 삶을 책임진다면

SIDEWAYS

추천사

경제학 교수는 대부분의 수업 시간을 세금에 따른 자중손실과 조세귀착 계산 방식을 가르치는 데 쓰고 있다. 강의가 끝날 즈음, 『세금수업』을 읽은 학생들의 질문이 여기저기서 쏟아진다.

"역진적인 간접세를 많이 걷더라도 세금을 통해 복지정책을 늘린다면 더 효율적이고 평등한 나라를 만들 수 있습니까?", "스웨덴처럼 기업이 세금을 많이 내야 하나요, 아니면 덴마크처럼 국민이 세금을 많이 내야 하나요? 법인세의 조세 부담과 노동자의 임금은 어떤 관계입니까?", "모두가 세금을 많이 내고 더 많은 복지를 누리는 시스템에 대해서 교수님은 어떻게 생각합니까?"

이런 상상이 현실이 되면 좋겠다. 대학 경제학 수업과 장

장제우의 세금수업

제우의 『세금수업』은 이렇게 다르다. 그의 치열하고 성실한 연구를 통해 우리는 어떤 질문을 던지고 어떤 논쟁을 펼쳐야 하는가에 성큼 다가섰다. 장제우의 『세금수업』이 올해 최고의 인기 강좌가 되면 좋겠다.

— 김재수 (미국 인디애나-퍼듀대 경제학과 교수)

'모두의 자유를 위해, 모두가 자기 몫을 내어놓고 또 정당한 권리를 요구하는 사회'에 대한 저자의 철학과 논리가 막힘없이 펼쳐진다. 증세에 대한 내 허상들도 조목조목 깨졌다. 그리고는 우리가 한데 어울려 신비롭고 장대한 직물을 만들어내는 새 꿈을 꾸어본다. '꿈의 가뭄' 시대에 아주 오랜만에 나도 단비를 맞아본다. 모두가 들어봐야 할 『세금수업』이다.

— 이승윤 (이화여대 사회복지학과 교수)

이 책은 세금과 복지에 대한 한국 진보 정치권의 위선을 강타한다. 그들은 한 입으로 두말을 한다. 복지국가를 건설하자면서도 재원 조달에 필수적인 증세는 거부한다. 이로 인해 복지국가는 '이룰 수 없는 꿈'으로 남지만, 그들의 권력은 유지되고 심지어 강력해진다. 정치인들은 자신의 사기 행위를 정당화하는 이론적 기제를 갖고 있다. 한국의 간접세율은 너무 높고 법인세율은 지나치게 낮으니, 오로지 대기업과 부자들에 대한 증세로만 복지국가를 건설해야 한다는 '신화'다.

저자는 다양한 국내외 공식 자료를 통해 한국의 간접세와 법인세를 둘러싼 강고한 '세금 신화'를 철저하게 공박한다. '사실'을 보면, 한국의 간접세 비중은 국제적으로 매우 낮은 편이다. 법인세는 올릴 여지가 크지 않은 데다 인상해봤자 복지 재원엔 큰 도움이 되지 않는다. 정치인들은 '안 그래도 어려운' 서민들에게 세금 부담까지 지울 수 없다며 부자증세만 추진하겠다지만, 그 재원으로는 자신들이 약속한 복지정책을 실현하는 것만으로도 턱없이 모자라다. 부자증세라는 달콤한 구호는, '부자가 훨씬 많이 낼 때까지 우리(서민)는 세금을 더 내서는 안 된다'는 인식을 조장해서 복지국가를 허망하고 위선적인 꿈으로 전락시키는 데 기여할 뿐이다.

저자는 이 책에서 한국 복지정치의 치부를 맨몸으로 드러내 대중 앞에 세우는 데 성공했다. 용감하고 뜻이 높다. 중산층과 서민들의 세금을 늘려야 그들에게 이롭다며 '부자증세'가 아니라 '보편 증세'를 감히 요구하기 때문이다. 복지국가가 진보 정치인들의 개인적 권력 강화를 위한 슬로건으로 그치길 원하지 않는 독자라면 꼭 읽어야 하는 책이다.

— 이종태 (시사인 기자, 『쾌도난마 한국경제』 저자)

이 작은 책자에서 저자 장제우는 우리 사회의 세금 담론의 미신을 깨는 일련의 도발적 주장을 제기한다. 복지국가를 만들자며 부자증세를 주장하거나 낙수효과를 이야기하며 증세에 반대하는 좌우 모두의 위선과 모순이 통렬하게 고발된다. 좌파의 복지국가 모형도 우파의 안전망 모형도 모두 무상일 수 없다. 사회 구성원의 자아실현이 극대화되고 개인의 실패가 사회의 자산으로 축적되기 위해 보편적 증세는 필연적이다. 이를 위한 연대와 공동의 책임감 고양을 위해 진정한 정치가가 품어야 할 철학적 의문이 제시된다. 훌륭한 생각은 훔쳐 실행하는 자가 주인 아니겠는가? 대한민국의 모든 사람들이 장제우의 주장에 귀 기울여 보기를 기대한다.

─이한상 (고려대학교 경영학과 교수)

수업에 들어가며

　이 책의 부제가 없었다면, 『세금수업』이란 네 글자만 있었더라면 사람들은 어떻게 생각했을까. 아마도 책을 처음 보는 독자들은 당연히 '세테크'에 대한 책이라고 생각하지 않았을까 싶다. 세금에서 득을 보는 것이 '세테크'라면 분명 『세금수업』도 그에 대한 이야기다. 다만 『세금수업』은 안타깝게도 '절세'가 아닌 '증세'에 대한 꿀팁을 나누고자 한다. 이 책은 나와 당신의 세금이 우리 모두의 삶을 책임지는 사회를 향한 도움말이다.

　참, 말은 좋은데⋯. '증세에 대한 꿀팁'이라니 어딘가 어울리지 않는, 형용모순 같은 조합이다. 하지만 한국인의 소비지출 통계를 국제적으로 비교하면 한국만의 독특한 특성이 나타난다. 우리는 이 유별나고 막대한 소비지출을 조정함으로써 한편으로는 가정의 여유소득을 늘리고, 또 한편으로는 저소득층도 부담 없이 참여 가능한 증세를 실현할 수 있다. 이 책은 이렇게 확보된 세금이 어떻게 쓰여야 우리 모두의 삶을 책임지는지를 상세한 국제 비교를 통해 선보일 것이다.

자, 『세금수업』이 말하는 세테크가 무엇인지 윤곽이 뚜렷해지고 있다. 그렇다. '세금과 복지'를 지혜롭게 이용하자는 제안이다. 한국의 조세 체계와 복지 제도는 우리 경제력에 비해 많이 낙후돼 있다. 하지만, 그래서 기회의 땅이기도 하다. 말하자면 개인과 사회 모두에게 커다란 이득이 될 수 있는 미개발 지대다.

세금과 복지를 발전시킨다는 것은 인간의 본성이 두루 반영된 사회구조를 구축한다는 의미와도 같다. 우리는 인간이기에 이기적 물욕을 추구하지만, 또한 인간이기에 어느 정도 그런 욕망의 조정이 필요함을 잘 알고 있다. 세금과 복지는 그 균형을 잡아내는 비결이다. 우수한 복지제도를 만나 재탄생한 세금은 인간의 이기심을 이용해 바로 그 이기심을 제어한다는 빼어난 장점을 가지고 있다.

한국을 보자. 학비에 부담을 느끼지 않고 병원비나 주거, 육아, 노후 등 여러 걱정거리를 덜어낸 가정이 있다면, 우리는 이 가정을 상당히 윤택한 집이라고 여길 것이다. 이처럼 누구나 윤택하다고 여길 만한 생활수준이 복지를 통해 보편적으로 보장되려면, 다양한 소득계층이 자기 수입의 큰 몫을 공동의 자금으로 내놓는 이타적 행위를 해야 한다. 즉, 각자가 자신의 물질적 욕구를 충족시키기 위해 우선 그것을 '자제하는' 과정을 거쳐야 한다.

우수한 복지국가는 누구나 가진 이기심을 이용해 이기심을 제어하고, 누구나 가진 이타심의 발현이 이기적 물욕의 충족으로 연결되도록 사회구조가 조직돼 있다. 이와 같은 사회의 작동 원리는 약화된 연대의식과 심화된 격차로 멍들고 찢긴 한국에서 필히 유념해야 할 대목이다.

이 책의 1장에서는 한국의 세금 및 복지 체계가 얼마나 취약한지를, 우리 사회의 연대 시스템이 얼마나 허술한지를 각국의 경제위기를 비교함으로써 풀어냈다. IMF 사태와 같은 위기가 닥쳤을 때 극적으로 드러난 빈약한 연대의식, 느슨한 연결고리는 절대 필연이 아니었고, 다른 누구의 선택도 아니었다. 그것은 우리 사회의 민낯이자 우리 선택의 결과였다. 나는 이런 사실을 짚은 뒤 2장에서 우리가 다른 선택을 할 수 있고, 우리 사회에 보편 증세의 역량이 충분함을 논증했다.

오호라, 『세금수업』의 맛보기를 들어보니 이 수업을 한 번 들어볼 만하겠다는 생각이 드시는지 모르겠다. 혹시 수업을 더 들으시려는 분들께는 미리 사과의 말씀을 전할 게 있다. 『세금수업』은 기존의 고정관념들을 많이 깨뜨린다. 예컨대, 여태껏 한국에는 간접세 비중이 너무 높다는 '신화'가 강고했다. 하지만 진실은 그와 정반대이다. 한국은 간접세 비중이 매우 낮은 나라이다. 이 책의 3장과 4장에서는 지금껏 우리 사회를 지배했던 간접세 신화를 비판한다. 법인세를 둘러싼 저 요란한 논쟁은 또 어떤가. 『세금수업』의 5장에선 법인세 인상론자들과 인하론자들 양편 다 얼마나 단순하고도 게으른 논리에 기대고 있는지를 파헤쳐보고자 했다. 우리의 세금 시스템을 정확하게 바라보고자 하는 독자들은 이 부분에서 어떤 '쾌감 아닌 쾌감'을 느끼실 수 있을 것이다.

그렇지만 이 책은 어느 진영에서도 환영받지 못할 가능성이 크다. 오염된 통계를 바로잡는 과정에서 좌우 양측의 맹점을 비판한다. 무엇보다 '중산층과 서민의 세금이 크게 늘어야 그들에게 매우 이롭다'는 과감한 주장과 직언을 줄기차게 제기할 것이다. 나는 책의 6장과 7장을 통해 이 주장을 외면하고 당면한 사실을 감추기에 급급한 정치인들의 위선과 우리 사회의 빈곤한 증세 철학을 강력하게 비판했다. 그러므로, 『세금수업』은 어떻게 보면 누구도 만족하기 힘든 수업이다. 전문적인 자료와 숱한 수치들이 제시되어 독자들에게 조금은 어려울 수도 있다.

하지만 책의 필자로서, 우리 사회의 진실을 알게 되는 쾌감을 느끼고 싶다면 이 수업을 꼭 한번 들어보시기를 감히 추천한다. 수많은 금기에 도전하는 『세금수업』의 통계적·이론적 근거들이 모쪼록 독자분들께 유익하기를 바란다. 그럼 이제부터 본격적인 수업을 시작해보자. 세금을 둘러싼 모든 게으름과 몰염치 너머로, 나와 당신의 세금이 우리 모두의 삶을 책임지는 사회를 향해.

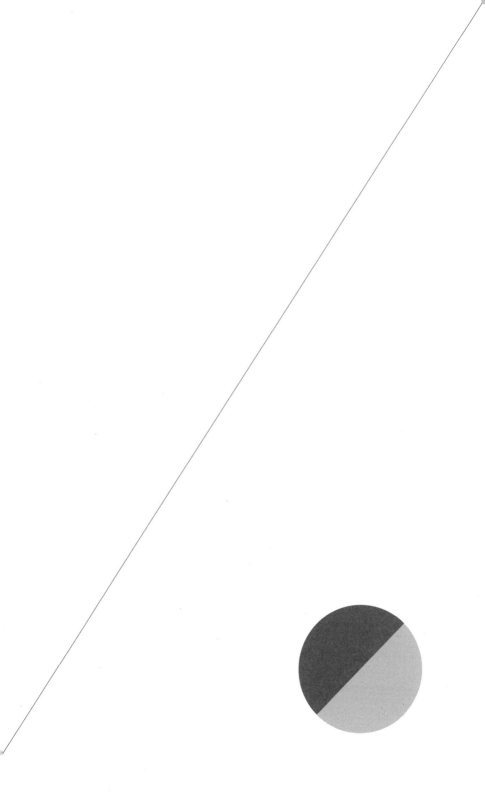

차례

1

스웨덴을 초토화시킨 경제적 재해

엄혹한 경제난에 직면하여 꼼꼼하게 보강된 스웨덴의 공보육

경제는 대위기였으나, 스웨덴 노인들의 삶의 질은

자살률에 관한 어떤 '동화 같은' 이야기

경제 파국의 와중에 몰락하는 이들이 넘쳐나는 까닭

세금은 비정한 사회를 넘어서는 '위대하고도 평범한' 도구이기에

2

그렇다면, 세금은 어디서 나올 수 있는가

3

직접세와 간접세, 그 혼돈과 정리

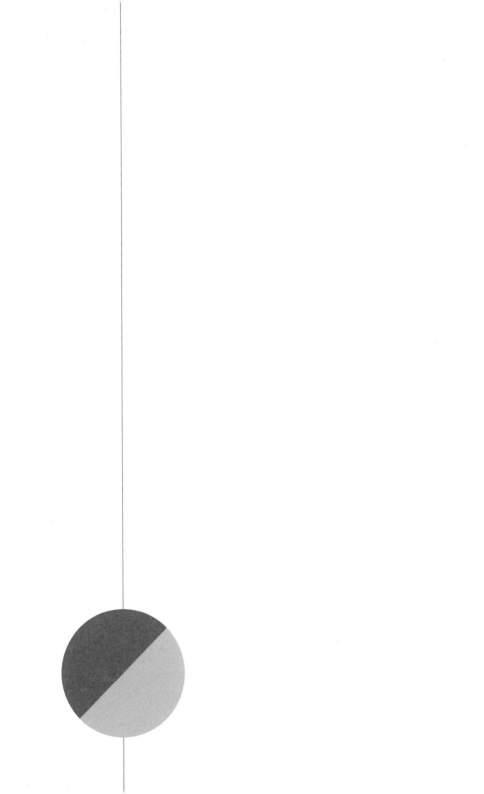

IMF 경제위기 때문에
무너지는 가정이
많았다는 건 거짓말이다

영화의 흔한 법칙 중 하나는 뭔가 잘 풀려가는 찰나에 돌연 비극이 닥친다는 점이다. 봉준호 감독의 영화 〈기생충〉에서 기택네 가족이 박 사장네 저택에 모여 와자지껄 양주 파티를 벌이던 바로 그런 장면 말이다. 웬만한 관객은 거기서 곧 무슨 사달이 나지 싶어 조마조마했으리라.

한국의 IMF 국가 부도 사태는 영화의 뻔하고 극적인 사건 전개와 쏙 닮아 있었다. IMF 이전 10여 년은 한국 자본주의의 황금기로 평가되는 시절이다. 속칭 '서민 코스프레'가 유행하는 요즈음과는 달리 중산층 귀속감이 80%를 넘나들었다. 이 시절에는 그리 풍족하지 않은 사람들도 미래에 대한 기대감으로 스스로의 경제적 위치를 높이 잡는 분위기가 어느 정도 있었다. 1996년 3월 25일 자 《매일경제신문》은 「비전 2026 소득 10

만 불 시대 온다」는 제하의 특집기사를 쓰기도 했다.[1] 10만 불 시대의 비전이라니, 지금 세상에선 비웃음을 살 낙관론이다.

영화 〈기생충〉의 기택네 식구들이 한껏 여유를 부리며 들떠 있던 그때 참극의 먹구름이 몰려왔던 것처럼, 한국 사회가 가장 희망에 부풀어 있던 바로 그 시기에 IMF 환란이라는 대참사가 벌어진다. 그 어떤 훌륭한 영화도 도저히 흉내 낼 수 없는 극적인 충격파가 온 나라를 덮치고 만 것이다. 나는 1997년 당시 군대에 있었는데, 어느 날 소대장이 "지금 밖에는 난리가 났다"며 헛웃음을 쳤다. 그러나 제대하기 전까지는 사태를 별로 실감하지 못했다. 기름값을 아끼느라 훈련을 간소화하고 겨울철 난방 시간도 줄었다는 등의 이야기를 들었지만, 군대라는 공간이 원래 편한 곳도 아니고, 그전엔 이곳이 어땠는지를 알 수도 없는 데다 그 시절 나 같은 일반 사병은 바깥소식과 굉장히 단절되어 있어서 그 'IMF'를 제대로 느끼지 못했다.

하지만 제대 후에는 누구 못지않게 IMF란 것이 뭔지 잘 알게 되었다. '풍비박산이란 바로 이런 것이구나.' 집으로 돌아가자마자 들었던 생각이었다. 형의 사업이 헝클어지며 그 비용을 대출로 대주었던 일가족이 빚더미에 오르고, 아버지는 병세가 악화되어 산송장처럼 지내고 계셨다. 집 안의 공기는 싸늘함과 막막함에 짓눌려 있었다. 어머니는 어떻게든 또 빚을 내어 내 대학 수업을 지원해주려 하셨지만 당시 나는 중압감을 이겨내지 못하고 결국 대학 중퇴라는 선택을 했다. 나는 상당 기간 '은둔형 외톨이'로 틀어박혀 그러잖아도 근심이 깊은 집안에 몸소 걱정거리를 추가했다. 어느 날엔가 형이 이런 말을 했다. "전두환이 총칼로 사람들을 죽였다면, 김영삼은 IMF로 사람들을 죽였어." 실제 한국의 자살률은 IMF 사태 직후 급격히 치솟았다.

1997년 15.6명이던 한국의 10만 명당 자살률은 이듬해 21.7명으로 6.1명이 증가했다.[2] 1년 사이 10만 명당 자살률이 이처럼 증가한 것은 OECD 내에서 두 번째로 높은 수치이다 (2010년 이전에 OECD에 가입한 나라들의 1990년 이후 최근까지의 자살률을 비교한 것이다). 한국 위에는 아이슬란드가, 아래에는 일본이 자리한다. 아이슬란드의 자살률은 1999년 11.4명에서 2000년 18.1명으로 6.7명이 증가했고, 일본은 1997~1998년 사이 18명에서 23.9명으로 5.9명이 증가했다. 참고로, 이 조사에서 1년 사이의 자살 증가율 순위 가운데 4위(5.4명)와 5위(4.8명)가 모두 한국이다.

세 나라 모두 급작스럽게 자살률이 상승한 바 있지만, 그 배경은 서로 다르다. 아이슬란드는 이례적인 경우인데 짧은 기간에 자살률이 크게 출렁인다. 1999년에서 2000년으로 넘어갈 때 6.7명으로 급증했던 자살률이 2001년에는 5.3명이나 급감했다. 한국과 일본의 자살률이 급상승 뒤 장기간 높게 유지됐던 것과는 다른 양상이다. 특히 아이슬란드의 자살률은 경제 수치가 제법 양호했음에도 급증과 급감을 보였다. 2000년 아이슬란드의 성장률은 4.9%로 OECD 평균보다 높아 준수했다.[3] 반면, 한국과 일본은 1998년에 모두 마이너스 성장을 기록하는 가운데 당해 연도의 자살률이 OECD에서 가장 큰 폭으로 증가한 경우이다. 경제위기로 인해 수많은 가정이 고꾸라지고 그 와중에 자살률도 치솟았다는 해석이 직관적으로 와닿는다. 하지만 이는 오랜 착각이다. 한국의 IMF 사태처럼 쓰나미 같은 경제적 재해가 나라를 집어삼키더라도 그와 무관하게 국민 전반의 삶을 안정적으로 유지하는 나라들도 있다.

스웨덴을 초토화시킨 경제적 재해

1990년대 일본의 부동산 거품 붕괴는 '잃어버린 20년'의 시작이었다. 이는 이웃 국가이자 IMF 환란을 겪은 한국에 아직까지도 공포의 유산으로 남아 있다. 거품이 꺼진 일본이 큰 화를 입고 있을 즈음, 그에 비견되는 대재난이 스웨덴을 강타한다. 성장률 숫자로만 보면 일본의 붕괴보다도 한층 심각했다. 최강의 복지를 누리던 스웨덴 국민조차 불안에 술렁이며 은행예금을 찾으려고 긴 행렬을 이룰 만큼, 당시 스웨덴은 2차대전 이후 최악의 풍파에 휘말린다. 기업은 줄줄이 문을 닫았고 은행 대출 대부분이 회수 불능에 빠진 가운데 자산 순위 2위 노르데 아은행, 6위 고타은행 등 주요 은행이 파산을 발표한다. GDP는 3년 연속 마이너스 성장으로 바닥을 뚫고 들어갔고, 실업률은 천정부지로 치솟아 약 50만 개의 일자리가 순식간에 사라졌다.

한국의 인구 비례로 단순 환산하면 약 450만 명이 일순 간 직장을 잃은 셈이다. 1991년 총선에서 집권 사민당을 대신 하여 정권을 잡은 우파 연정은 폭증하는 재정적자에 대응하여 복지 혜택을 삭감하지 않을 수 없었던 바, 그렇게 무너지는 스웨덴을 보며 내외신 언론들은 스웨덴식 복지국가의 종말을 타전했다[4](한국의 외환 위기로 단기간에 급증한 실업자는 공식지표에서 약 100만 명이었다. 급작스레 늘어난 단시간 근로자와 무급 휴직자, 자영업 무급 가족 종사자까지 고려하면 약 190만 명이 경제위기로 인해 발생한 실업자라고 볼 수도 있다[5]).

한국의 여러 전문가와 언론에 따르면 1990년대 초 스웨덴의 경제위기는 상당 부분 과잉복지와 과도한 세금에 기인했으며, 이를 계기로 스웨덴에서도 정부 역할의 축소를 추구하는 이른바 '신자유주의'로의 개혁이 본격적으로 이뤄졌다고 한다. 복지병을 대수술하고 국난 극복의 전기로 삼았다는 것이다.

이런 해석이 모조리 틀린 것은 아니지만 오류와 편견이 상당하다. 일면 경제가 초토화됐던 스웨덴의 이 무렵은, 모든 나라의 모든 시대를 통틀어, GDP 대비 복지지출이 압도적인 최고치에 달한 시점이었다. 스웨덴 고유의 인본주의 복지철학에 따라, 경제위기 전에도 사회 약자들이 그러했듯 이후 급증한 취약계층 역시 의문의 여지 없이 최소한의 인간답게 살 권리를 보장받아야 했고, 그 결과 복지 규모가 사상 최대를 돌파한다. 92년 32.7%, 93년 34.2%, 94년 32.9%의 공공복지가 스웨덴 국민의 살림살이를 지탱해 주었던 바, 복지지출이 GDP 대비 34%를 넘긴 것은 90년대 초반의 스웨덴이 유일하다.[6] 이 3년간의 복지 규모는 OECD 최대의 복지지출 1, 2, 3위를 차지하고 있다. 경제위기 시 GDP의 수축으로 인해 복지 비중이 커진다는 점을 고려해도 남다른 수준의 복지가 단행됐던 것이다.

결국 이 시기의 스웨덴에선 압도적인 차원의 사회안전망이 위기 때 추락하는 국민을 보호하며 그 정도를 최소화하고 있었다. 경제난이 수습되는 과정에서 일정 부분 복지가 축소된 것은 사실이나, 그 줄어든 복지가 명실공히 세계 최상급을 유지한 것이다(이는 과거보다 세금과 복지의 규모가 소폭 작아진 현시점에도 마찬가지이다).

엄혹한 경제난에 직면하여
꼼꼼하게 보강된 스웨덴의 공보육

스웨덴 국민은 자신들의 세금으로 복지재정을 확보하는 일에 광범위한 지지를 보내왔다.[7] 스웨덴 쇠데르턴대학에 재직했던 최연혁 교수는 1990년대 발발한 경제위기가 복지를 위한 세금 부담 찬성 여론에 큰 영향을 미쳤다고 설명한다.[8] 수많은 노동자가 정리해고 조치로 직장을 잃었지만, 재충전과 재기를 도모하는 사회보장제도의 혜택을 체험하며 그 필요성을 절감했다는 것이다. 가만 보면 스웨덴 국민은 한국의 IMF 이상 가는 고난의 시기에 그리 비탄에 잠겨 괴로워하지만은 않았다.

우선, 보육복지가 대폭 강화되었다. 스웨덴은 1970년대 중반을 기해 세금의 양을 폭발적으로 늘리기 시작했고[9] 이 중 상당 부분은 공보육과 교육에 투자되었다.[10] 특히 보육복지에서 예산 증가가 두드러졌다. 1975~1990년 사이 아동 돌봄을 위한 총예산은 SEK 2.9billion에서 SEK 35billion으로 폭증했다. 다른 어떤 분야에서도 이 같은 팽창은 볼 수 없었다.[11] 보육에 대한 이러한 공공 투자는 초유의 경제위기 시기에도 변함없이 이어졌다. 이를 더 상세히 살펴보면 다음과 같다.

스웨덴의 70~80년대는 여성의 경제활동이 급증하는 시기였다. 75~85년 사이 어린이집이 7만 2천 개에서 33만 개로 증가할 만큼 대대적인 보육 투자가 이뤄진다.[12] 하지만 그럼에도 모든 보육 수요를 충족시키기에는 모자랐다. 이 시기에는 주로 학자, 고급 공무원, 회사원, 사무직 노동자 등 사회경제적 지위가 높은 이들이 상대적으로 공보육을 많이 이용했다. 하지만 80년대 중반에서 90년대 중반 사이 경제위기와 무관하게 지속적으로 보육복지가 강화됐던 시기에는 육체노동자, 한부모 가정, 교육 수준이 낮은 가정으로까지 공보육이 확장된다.[13] 이와 동시에 대도시의 고학력 가정을 중심으로 사립보육시설을 찾는 경우가 늘게 된다. 1988년 500개에 그쳤던 사립보육시설은 1995년 1,900개로 증가했고 2003년에는 17%의 아동이 사립시설을 이용했다. 1991년을 기해 지자체에서 기금을 보조하기 시작한 사립보육시설은 대부분 비영리 기관으로 공립시설과 동일한 수준의 재정적 지원과 보조금을 제공받았다.[14]

80년대 나타났던 스웨덴 공보육의 계층별 편중과 90년대 나타났던 공보육과 사보육의 계층별 분리는 사회적 지위가 높을수록 복지 혜택에 대한 접근이 쉬움을 의미하는 한편,[15] 오랜 좌우의 대립이 원만하게 타협되었음을 의미하기도 한다.[16] 1940년대, 스웨덴의 사민당은 여성의 노동시장 진입에 따른 여성 역할의 공백을 국가가 대신 맡아야 한다는 입장을 취했다. 하지만 우익 보수당은 최대 반일제 근무만을 여성에게 허용하고 나머지 반나절은 가정에서의 아동 보육을 지속적으로 유지함으로써 2세 교육 공동화 현상을 막아야 한다고 주장했다. 1980년대 스웨덴의 중도 우익 정당들은 육아수당의 인상과 확대에 있어서는 사민당과 입장을 같이했지만, 공공 탁아소는 가급적 줄이고 사립 탁아소, 부모들이 공동으로 운영하는 조합식 탁아소 등 다양한 선택권을 부모에게 부여해야 한다고 주장했다. 이는 공보육 확대를 추진하는 사민당의 입장과 상충하는 것이었다.

1993년 스웨덴의 기초자치단체는 1~6세 대상의 공공 탁아소와 7~12세 대상의 방과 후 취미 및 여가교실을 의무적으로 운영해야 한다는 법안을 통과시켰다. 1994년에는 육아수당제가 도입되어 아이를 공공 탁아소에 보내는 대신 부모 중 한 사람이 직장을 쉬며 가정보육을 할 수 있게 되었다. 이런 조치는 가족정책의 좌우 논쟁이 큰 틀에서 합의되었음을 의미한다. 더 이상 우익 정당들이 공공 탁아소의 축소나 무용성을 주장하지 않는 대신, 공공탁아소를 전국적으로 확대하되 사립 탁아소의 운영과 부모의 육아수당도 함께 권장하는 선에서 좌우간의 타협이 이루어진 셈이다.

공보육을 중심에 놓고 비영리 사보육이 개별 욕구에 부응하는 스웨덴의 보육 시스템은 명실공히 세계 최고 수준이다. 여기에 이르기까지 스웨덴은 한국의 IMF 사태처럼 극심한 경제위기 상황에서도 미래에 대한 투자를 놓치지 않았다. 공보육

장제우의 세금수업

과 사보육 모두에 재정을 투입하며 훗날을 대비했다. 재정적자가 급격히 늘어나는 경제위기의 와중에 아동수당이나 출산급여를 축소하는 등 불가피한 복지 조정을 단행했지만, 가족 및 보육복지에서 가장 중요한 보육시설을 대거 확충했던 것이 경제위기를 헤쳐 나가는 스웨덴의 방식이었다.

스웨덴의 공보육 발전에는 여성운동이 기폭제가 되었다는 점도 기억해야 할 지점이다. 1972년 3월 8일 세계 여성의 날, 스웨덴 여성단체들은 사상 최초의 대대적인 시위를 기획했다. 스웨덴의 가장 큰 일간지《DN》은 "수천 명의 군집 속에서 터져 나온 여성의 함성과 노래는 귀를 의심할 정도였다. 스웨덴은 역사상 처음으로 가장 큰 여성들의 군집을 경험했다"고 당시를 기록했다. 이날 여성들은 "일자리 창출과 노동환경 개선, 탁아소 증대, 자유 낙태, 국제적 연대"를 소리 높여 외쳤다. 이어지는 가두행진에서 여성운동 시위대는 "노동: 노동력의 보조적 존재로 사용되는 여성관 철폐", "탁아소: 경제 상황에 좌우되는 아동 돌봄 정책 반대", "교육: 저임금 유지 수단의 여성 직업 반대" 등을 촉구했다.[17] 1972년 스웨덴의 여성 시위대가 강조했던 구호 "탁아소: 경제 상황에 좌우되는 아동 돌봄 정책 반대"는 20년 뒤 경제위기에 직면했을 때 고스란히 실현되었다. 각종 성평등 지표에서 1위 내지는 상위권을 석권하고 복지를 바탕으로 성별과 상관없이 일과 가정을 양립시키는 스웨덴의 오늘날은 대담하고 실용적이며 미래지향적인 여성운동이 추동했기에 가능한 일이었다(또한 여성운동의 요구를 정책으로 실현하기 위해 보편적인 세금 인상을 결행했던 정치인의 역할도 크다).

스웨덴의 출산율 추이를 보면, 1960년대에는 2.1 전후의 높은 양상을 보이다가 1970년대로 접어들면서 늘어나는 여성의 경제활동을 당시 복지 확충의 정도가 미처 따라가지 못하자 하락 추세가 이어진다.[18] 1970년대 중반에서 1980년대 중반까지는 1.6~1.7대로 타 시기에 비해 낮은 수준이다. 이후 풍부한 세금을 바탕으로 복지의 총체적인 완성도가 높아지자 출산율도 상승세로 전환한다. 1986~1988년 사이 차례대로 1.79·1.84·1.96을 기록하며 완연한 회복세를 보인 출산율은 1989~1993년까지 2점대의 고공행진을 이어간다. 그러나 이후 경제위기의 여파 속에 급격한 하락세로 접어들어 1997년부터 2001년까지는 1.5대의 가장 낮은 저출산 시기를 겪게 된다.

비교적 큰 폭의 복지 축소는 수치상 경제위기가 최고조에 달했던 1990년대 초반이 아니라 중반부터 시작되었다. 이 시기에 스웨덴에선 현금지원 복지뿐 아니라 각종 공공서비스 인력이 구조조정의 대상이 됐다. 보건소 통폐합을 통한 의사 및 간호사의 해고, 양로원 간호사 및 간호보조사 축소, 학교 구조조정을 통한 교사 해임 등 모든 공공 분야의 축소 정책으로 여성이 상대적으로 더 많이 일자리를 잃게 된다. 최연혁 교

장제우의 세금수업

수는 공공 부문의 축소로 인해 여성의 삶이 급속도로 위협받게 되었고, 경제위기 이후 순차적으로 이루어진 사회보장정책의 후퇴가 저소득층 및 중류층 가정의 출산 회피와 직결되었다고 지적한다.[19]

스웨덴의 출산율은 2002년 1.65를 기록하며 5년간 이어진 1.5대를 탈피한 뒤 본격적인 반등을 시작했고, 2000년대 중반 이후로는 1.8~1.9대의 높은 출산율을 보이고 있다. 최 교수에 따르면 1990년대 말 경제가 상승세를 보이기 시작하면서 고용 및 경제활동이 확대된 점도 출산율 상승에 기여했지만, 무엇보다 저소득층 및 실업자 아동 가정을 위한 집중적 지원책이 출산율을 회복시킨 주요인이었다.[20] 경제위기에 따른 재정 적자를 무릅쓰고 미래를 보며 탄탄하게 깔아 놓았던 선진 복지 인프라가 빠르게 출산율을 반등시킨 반석임은 두말할 필요도 없을 것이다.

안타깝게도, 스웨덴에겐 가장 저조했던 1.5대의 출산율이 한국에게는 부질없는 희망의 숫자일 가능성이 높다. 복지가 너무 빨리 늘어나는 바람에 국가재정이 파탄 나고 미래 세대에게 재앙이 닥칠 것이라는 '선의'의 저주가 횡행하지만, 이 저주를 이겨낼 길이 보이지 않는 게 한국 사회의 현실이다.

경제는 대위기였으나,
스웨덴 노인들의 삶의 질은

경제위기에 직면했던 1990년대 스웨덴에서 특히 괄목할 만한 대목은 노인들의 삶의 질이 향상됐다는 점이다. 그 긴박한 상황에서 한가롭게도 '인본주의'에 근거하여 노후복지가 전면적으로 개선되었다.[21] 1988년 스웨덴 정부는 노인보호 서비스위원회를 발족시켰고, 이듬해 위원회는 보고서를 작성했다. 이를 바탕으로 1990년 고령자 복지제도 정부입법안이 국회에 제출됐으며 국회를 통과한 '에델개혁' 법안은 경제위기가 한창이던 1992년 1월부터 발효되었다(김현숙 2010: 190). 에델개혁은 노인정책의 질적 향상과 효율성을 동시에 추구했다(신필균 2011: 128). 즉, 복지재원을 크게 늘리지 않으면서도 노후생활을 개선하는 묘수를 낸다는 것인데, 이를 위해 스웨덴이 사회보장제도를 실시한 이래 가장 큰 규모의 행정 및 조직 개편이 단행되었다(김현숙 2010: 191). 한데 알고 보면 이게 매우 어렵다거나 웅대하기 이를 데 없는 그런 일은 아니었다.

먼저 가장 중요한 것은 당사자의 입장에서 생각하는 자세다. 대부분의 스웨덴 노인은 자신의 집에서 자녀와 독립적으로 살기를 바라며 실제로 그렇게 거주한다(Larsson, 2006; 조남경 2014: 91 재인용). 이사하는 빈도가 낮고 전문가들도 고령 노인의 심리적 안정을 위해 이사를 권장하지 않는다(신필균 2011: 129). 에델개혁 이전 치료가 힘들다고 진단받은 노인은 소관기관의 책임 아래 장기 병동에서 여생을 보내야 했는데, 이는 노인들이 원하는 바도 아니었고 삶에 대한 체념과 심리적 충격을 유발했다. 노인 장기 병동은 점차 '죽음을 기다리는 병동'이란 이미지로 고착됐고 비인도적인 사회문제로 대두되었다(신필균 2011: 127, 235).

이러한 상황에서 스웨덴은 재택 돌봄 서비스를 확대해 문제 해결의 돌파구를 마련한다. 행정 개편의 측면에서 에델개혁은 고령층 의료 업무를 란드스팅(한국의 광역자치단체)에서 코뮌(한국의 기초자치단체)으로 이관하는 것을 말하는데, 개혁 이전부터 고령층 재택 돌봄 서비스로 청소, 세탁, 목욕, 식사보조, 교통보조 등을 담당해오던 코뮌이 개혁 이후에는 의료까지 일원화해 맡게 되었다.

종합적으로 노인복지를 관장하게 된 기초자치단체는 혼자 생활이 불편해진 노인들이 평상시와 같은 생활을 익숙한 자기 집에서 유지할 수 있도록 재택 복지를 확대했다. 시간이 흐를수록 재택서비스를 받는 고령자가 늘어났고(김현숙 2010: 195; 최연혁·임재영 2012: 320~323), 이는 재택 복지의 선호도가 상승하고 있음을 말해준다. 에델개혁 이전인 1989년 스톡홀름에서는 65세 이상 노인의 사망 전 1년간 입원 일수가 평균 95

일이었지만 1993년에는 53일로 절반 가까이 줄어들었다. 또한 종합병원에 의뢰된 환자 가운데 약 21%가 재가 의료서비스로 전환되기도 했다. 제도 개편의 여파로 병원 신세를 지는 고령자가 감소했지만, 정부의 국민건강보고서에 따르면 노령층의 건강과 기대수명이 증진된 것으로 나타났다(신필균 2011: 128). 이는 재가서비스를 받는 노인들이 병실을 벗어나면서, 의료서비스가 꼭 필요한 노인들에게 더욱 집중적인 치료가 제공됐다는 것을 의미한다.

에델개혁의 또 다른 긍정적 효과는 의료비의 절감이다. 스웨덴은 현재에도 세계 최대 수준의 노인대국이지만 1970년대 중반부터 1990년대 중반까지는 65세 이상 인구의 비율이 가장 높은 나라이기도 했다[22](하지만 출산율을 높은 수준으로 유지하며 고령화 속도를 늦추었고 그 결과 일본, 독일, 이탈리아, 그리스처럼 낮은 출산율이 지속된 나라들의 고령인구 비율이 스웨덴을 추월하게 된다). 스웨덴처럼 노인대국이자 보편적으로 세금을 많이 내고 공공의료의 역할이 큰 나라는 연금 및 의료비의 통제가 매우 중요한 과제다. 노인을 보살피는 비용은 자택보다 병원에서 더 많이 요구되는데, 에델개혁은 병원에 머무는 노인의 수를 크게 줄이며 의료비의 급격한 팽창을 억제했다. 유모토 켄지·사토 요시히로(2011: 79~80)는 에델개혁에 따라 의료비용 절감과 함께 더 많은 사람들이 더 저렴한 비용으로 안전한 의료서비스를 받게 됐다고 평가한다.

이처럼 1990년대 스웨덴 노인들의 삶의 질이 상승한 것은 기업과 은행이 연쇄 도산을 하고 실업자가 발에 치이는 와중에 벌어진, 어떻게 보면 매우 비상식적인 사건이다. 모두 알다시피, 한국의 자살률이 IMF 사태 이후 오랫동안 OECD 1위에 머문 것은 끔찍하게 치솟은 노인 자살률 때문이다. 경제위기 이후 극명하게 갈린 두 나라 노인들의 삶을 통해 한국 사회가 얻을 교훈이 있으리라 생각한다. 하지만 그런 것을 생각하기에 앞서 착잡함에 할 말을 잃게 된다. 우리 사회의 가난한 노인들이 겪어야 했고, 또 지금도 변함없는 그 딱한 처지가 떠오르기 때문이다.

에델개혁의 부정적인 파급도 있다. 이를테면 재가 돌봄 서비스의 수혜자가 개혁 직후 상당한 폭으로 감소했다(김현숙 2010: 195). 에델개혁의 주요 목표가 노후복지 예산을 억제하는 것이므로, 경미한 수준의 돌봄이 필요한 노인에게는 공공 서비스에 대한 진입장벽이 높아졌기 때문이다. 이로 인해 가족의 도움을 받았다는 독거노인이 1994년 22%에서 2000년 33%로 증가했다(조남경 2014: 95).

그렇지만 돌봄 서비스의 이용 조건이 까다로워진 대신

80세 이상의 이용 비중은 큰 폭으로 상승했고, 1인당 이용시간도 증가했다(조남경 2014: 94, 100~101; 김현숙 2010: 194). 예산의 제약 속에 서비스의 접근성이 떨어지더라도 질은 떨어뜨리지 않는 노후복지 정책을 펴고 있는 셈이다. 여러 고령자 조사에서 이용자의 만족도 또한 상당히 높은 것으로 나타나고 있다(조남경 2014: 118~119; 최연혁·임재영 2012: 323).

2015년 기준 스웨덴의 노령 사회서비스 복지는 GDP 대비 2.2%로 OECD 최대 규모다.[23] 고령인구의 비중이 가장 높은 일본의 1.8%를 앞지른다. 80세 이상 고령자 100명당 장기요양 돌봄(LTC) 종사자도 OECD 최다를 기록한다(Colombo et al. 2011; 조남경 2014: 119 재인용). 돌봄 서비스 총비용의 약 95%가 세금으로 해결되고 5%만이 본인의 부담이다(김현숙 2010: 187; 조남경 2014: 104~105). 이처럼 돌봄 일자리가 발달한 스웨덴의 노후 복지는 우선 연금 지출을 관리하는 데 효과적이다. 2017년 스웨덴의 65세 이상 인구의 비율은 OECD에서 일곱 번째로 높았지만 공적 연금의 규모는 19번째에 불과했다.[24] 노인의 생활비를 절감해주는 사회서비스 복지가 공적 연금의 팽창을 억제하고 있는 것이다. 노후 돌봄 복지의 장점은 이뿐이 아니다. 노령 사회서비스 복지는 곧 일자리이므로 이를 튼실히 하는 것은 대량의 일자리 창출을 의미한다. 충분한 재정투입에 연계하여 이 부문의 종사자가 늘어남에 따라 복지의 질도, 일자리의 질도 향상된다. 이 같은 노후 복지의 장점을 실현하려면 모두가 세금을 분담해야 한다. 그동안 한국에는 열악한 노인 돌봄 문제가 끊이질 않아 왔다. 고령화가 빠르다며 걱정만 할 게 아니라, 다같이 세금을 더 내고 복지를 발전시킬 지혜를 모아야 한다.

자살률에 관한 어떤 '동화 같은' 이야기

앞서 일본은 GDP가 마이너스 성장을 하며 수치상으로 경제위기가 닥쳤을 때 자살률이 기록적으로 급등하는 현상을 보인 적이 있다고 했다. 1997년 10만 명당 18명에서 다음 해 23.9명으로 5.9명이 증가한 일본의 자살률은 세 번째로 높은 1년 사이의 자살 증가폭이다. 1998년을 기해 일본은 1인당 국민소득 2만 달러 이상의 고성장 국가들 중 자살률 1위에 오르게 된다.

한국은 이런 일본을 한층 능가한다. '경제위기와 자살급증' 분야에서 한국은 최고봉이나 마찬가지다. 당해 OECD 회원국을 기준으로 1년 사이의 자살 증가폭을 보았을 때 2위(6.1명), 4위(5.4명), 5위(4.8명)가 모두 한국이다. 2위였던 1997~1998년 사이에는 IMF가 있었고, 4위였던 2002~2003년 사이에는 신용 카드대란이 있었으며, 5위였던 2008~2009년 사이에는 미국발 국제금융위기가 있었다. 참 고약한 우연의 일치다.

1990년대 스웨덴이 겪었던 경제위기는 동 시기 일본의 경제위기나 한국의 IMF 사태보다 심했으면 심했지 덜하지 않았다. 그러나 복지 선진국 스웨덴 국민의 실생활은 앞서 살펴보았듯 복지 후진국 일본이나 한국과는 커다란 차이를 보였다. 자살의 변화 양상도 이를 잘 보여준다. 1970년 23.1명으로 정점을 찍었던 스웨덴의 자살률은 이후 하향 안정화되는 추세를 보인다. 2016년에는 11.1명으로 최저는 아니지만 낮은 수준을 유지하고 있다.

한국의 입장에서 특히 안타까운 대목은 경제가 파국을 맞이했을 때의 자살률 변동이다. 흔히 경제 상황을 볼 때 가장 중요하다는 GDP 성장률에서 스웨덴은 1991년부터 1993년까지 마이너스 성장을 기록하는가 하면 90년에는 0.8%의 저성장에 머물렀다(0.8%의 성장률은 2009년 자살률이 급등했던 한국의 성장률이다). 그렇지만 1989년부터 1993년까지 스웨덴의 자살률 추이를 살펴보면 18.4→16.9→17→15.4→15.6으로 감소했다. 경제성장이 '민생파탄' 급의 수치를 찍은 것과 무관하게 차분히 하향 추세를 이어갔다. 경제 사정이 나빠졌을 때 한국에서는 기록적으로 자살이 증가했지만, 이는 꼭 그렇게 되어야만 하는 필연이 아니었던 것이다. '경제위기 때 떨어지는 자살률'은 핀란드에서도 똑같이 확인할 수 있다.

2016년 핀란드의 자살률은 10만 명당 13.9명으로 사상 최저치였던 2015년의 13.1보다는 약간 상승했지만 국제적으로 볼 때 높은 수치는 아니다. 물론, 아직도 핀란드는 자살률이 높은 복지 선진국으로 악명이 좀 있는 나라다. 실제로 1990년에는 30.2명으로 핀란드 내에서도, OECD 중에서도 가장 높은 자살률을 기록하기도 했다. 핀란드 정부는 상승을 거듭하는 자살률을 낮추고자 한국에도 많이 알려진 대대적인 자살예방 사업을 추진하게 된다. 이 예방사업의 시기와 핀란드의 경제파탄 시기, 자살률 감소 시기는 모두 일치한다.

1990년대 초반 핀란드의 경제 여건은 당시 OECD 어느 국가도 겪어보지 못한 암흑기였다. 1990년 0.1%의 저성장에 허덕였던 핀란드의 성장률은 이후 내리 3년을 -5.9%, -3.3%, -0.7%로 곤두박질쳤다. -5.9%의 역성장은 당시 OECD 국가 중 스위스의 1975년 -7.3%의 역성장과 룩셈부르크의 75년 -6.6%의 역성장에 이어 세 번째로 나쁜 수치였다. 연속된 마이너스 성장의 누적치로 보면 1990년대 초반의 핀란드보다 좋지 못한 경우는 없었다. 그렇지 않아도 자살률이 OECD 1등이던 나라가 OECD 사상 최악의 경제지표까지 받아 든 것이 바로 90년대 초반의 핀란드인 것이다.

그렇다면 핀란드의 자살률은 경제파탄을 맞아 어떻게 되었을까? 1990~1993년 사이 핀란드의 10만 명당 자살률은 30.2→29.7→28.6→27.4를 기록하며 연이어 낮아진다. 이후로도 감소 추세는 지속되어 현재 핀란드는 자살률이 높은 나라가 아니다. 자살예방정책의 교과서로 칭찬받는 정부 정책의 효과가 엿보이는 대목이다. 앞서 OECD 최대의 복지지출 1, 2, 3위는 1990년대 초 경제위기에 맞닥뜨렸던 스웨덴에서 나왔다고 적었는데, 4위와 5위, 그리고 11위 규모의 복지지출은 90년대 초의 핀란드에서 단행되었다. 사상 최악의 경제위기와 사상 최대 수준의 복지지출, 여기에 OECD 1위의 자살률과 국가적인 자살예방 정책이 어우러진 결과, 수치상으로는 경제가 절단 났음에도 불구하고 자살이 줄어들었다는 핀란드의 어떤 '전래 동화'다.

경제 파국의 와중에
몰락하는 이들이 넘쳐나는 까닭

흔히들 IMF 이전과 이후로 한국을 나눌 수 있다고 한다. 그만큼 엄청난 격변이 있었다는 뜻이다. 당시 한국인들은 국가 경제가 너무도 충격적인 타격을 입었으므로, 몰락하는 이

장제우의 세금수업

들이 대거 속출하는 것은 어찌할 수 없는 숙명이라 받아들였다. 아직까지도 한국에서는 대규모의 경제위기를 이렇게 이해하는 사람들이 태반이다. 하지만 이런 체념적 태도는 바람직하지도 않고 근거도 부족한 고정관념이다.

앞서 보았듯 스웨덴은 혹독한 경제위기 때 공보육을 강화하고 노인의 삶의 질을 개선했으며, 자살은 오히려 감소했다. 강력한 복지와 재정적자를 기반으로 국민 전반의 삶을 위기와 무관하게 안정시키는 한편 재도약의 잠재력을 축적했다. 물론 경제난의 여파가 없을 수는 없었지만, 역사적인 규모의 사회안전망이 추락의 정도를 최소화했다. 위기 때 급증한 재정적자는 최악의 고비를 넘긴 이후 점차 줄여나갔다. 핀란드 역시 스웨덴과 마찬가지의 연대적 시스템으로 경제위기에 대처했다. 두 나라 모두 보편적으로 많이 걷는 세금과 보편적으로 우수한 복지를 위기 이전부터 실행해왔던 나라들이다. 결국, 세금과 복지란 이름의 제도적 사회연대가 그것이 가장 필요한 순간, 그 진가를 발휘한 것이다.

하루가 멀다 하고 기업이 도산하는 경제위기와 하루아침에 수많은 가정이 고꾸라지는 삶의 위기는 서로 인과관계가 성립하지 않는다. 실직자가 쏟아지는 비상사태와 극단적인 선택이 잇따르는 비극 사이에도 인과관계는 성립하지 않는다. 즉, 경제위기 전부터 형편없었던 사회연대로 말미암아 위기 때 불어나는 취약계층의 삶이 무너지는 것이지, 경제난이 발발했다고 해서 곧장 중산층이 붕괴되거나 하는 것은 결코 아니다. 거대한 경제 쓰나미가 한국을 덮치더라도 그것이 국민의 삶을 파탄 내는 원인이 될 순 없다. 만일, 경제위기의 와중에 나락으로 떨어지는 이들이 지천에 널려 있다면 그 까닭은 공동체 구성원 간의 끈끈한 양보와 연대가 부재하기 때문이다.

세금은 비정한 사회를 넘어서는 '위대하고도 평범한' 도구이기에

과거에도 지금도 '각자도생'은 우리네 삶의 표준이다. 본인이 원하건 원하지 않건 각자도생은 따라야 할 삶의 규율이며, 그렇기에 우리 모두를 특정한 방식으로 살게 만드는 사회구조다. 나는 이 구조의 힘을 '악의 평범성'과 '선의 평범성'으로 설명하곤 한다. 사회구조가 무엇이냐에 따라 사람들은 악의 평범성에 잠식될 수도 있고, '취향에 맞지 않는' 선의 평범성을 실천할 수도 있다. 사람들의 행동양태를 윤리적으로 좌우하는 사회구조의 뼈대는 다름 아닌 '세금'과 '복지'다.

세금과 복지는 인간만이 할 수 있는 '위대한 협력의 문명'이며 모든 협력의 문명이 그러하듯 혼자서는 불가능한 수많은 일들을 가능케 한다. 예를 들어, 가족복지 체제가 급격히 해체되면서 노후 대비가 막막해진 노인들이 갑자기 불어난 사회를 생각해보자. 이 사회의 구성원들은 준수한 기초연금을 제공할 수 있을 만큼 세금을 납부함으로써 노후 빈곤의 확산을 막을 수 있다. 다치거나 병에 걸린 이, 장애가 있는 이, 빈곤아동, 한부모 가정, 임신이나 육아 중인 가정, 회사가 문을 닫아 실직한 이 등등 사회에는 타인의 도움을 필요로 하는 취약계층이 있게 마련이다. 각 개개인은 이들에게 충분한 도움을 줄 수 없지만, 세금과 복지라는 사회연대의 수단을 활용한다면 어려움에 처한 동료들에게 적절한 도움을 줄 수 있다.

세금과 복지의 선진국이란, 사회구조적으로 구성원 한 명한 명이 서로 긴밀한 도움을 주고받는 연대적 관계로 맺어지는 사회를 의미한다. 물론 이런 사회라고 해서 사악한 행동과 이기적 인간 군상이 없는 것은 아니다. 사회연대의 손길이 미치지 못하는 사각지대도 남아 있다. 하지만 이러한 사회에선 구성원 대다수가 상호 도움을 주고받는 사회구조에 편입되어 있다. 바꿔 말하면, 세금과 복지를 발전시킨 나라에서는 '선의 평범성'이 사회구조에 따라 자동적으로 실현된다. 한 사회에 속한 개개인의 취향이나 가치관과는 맞지 않더라도 사회구조가 그러하기에 따라야 할 삶의 규율이 제대로 작동하고 있는 것이다.

반대로 세금과 복지의 후진국은, 거기에도 선한 행동과

이타적인 사람들이 없는 것은 아니지만 '악의 평범성'이 사회구조에 따라 자동적으로 발현된다. 대부분의 사회 구성원이 연대적 관계를 맺지 못한 채 도움이 필요한 동료들을 비정하게 방치한다. 한국은 이를 극명하게 보여주는 사례다.

　나는 나와 당신의 세금이 우리 모두의 삶을 책임지는 사회를 희망한다. 이것은 사회의 모든 문제가 말끔히 해결된 그런 유토피아가 아니다. 세금과 복지를 튼튼히 한다는 것은 '기본을 해놓자'는 의미이지 이것만 잘되면 만사가 문제없다는 만병통치론이 아니다. 하지만 대한민국 사회가 이 기본에 충실할 때, 우리들의 세금은 짜증과 스트레스의 요인이 아닌 우리 삶의 든든한 버팀목이 될 수 있을 것이다.

그렇다면, 세금은

어디서 나올 수 있는가

IMF 여파로 집이 한창 어려웠을 때 건강보험료도 큰 부담이었다. 당시 어머니 명의로 빚이 잔뜩 껴 있는 집이 한 채 있었는데, 어느 날 어머니는 이를 구실로 나오는 건강보험료가 너무 부담스럽다고 탄식을 내뱉으셨다. 한숨 속에 어머니가 하셨던 한마디는 세금과 복지에 대한 내 가치관에 커다란 영향을 미쳤다. "그래도 이 돈은 아픈 사람들 치료하는 데 쓰이는 건데, 좋게 생각해야지…."

　　그때는 잘 몰랐다. 어머니의 저 탄식은 마치 영화 〈인셉션〉에서 누군가의 생각과 행동을 지배하는 결정적인 '한마디'와 흡사한 역할을 했음을. 바로 그때, 세금과 복지의 긍정적 측면이 나도 모르게 머릿속에 각인되었던 것이다. 흔히 밥상머리 교육이 중요하다고 하는데 이 일화는 그에 대한 좋은 사례라고 생각하고 있다. 거창하게 케인즈를 빌려온다면, "어머니나 아버지의 관념들은, 그것이 옳든 그르든, 사람들이 흔히 생각하는 것보다 훨씬 더 강력한 영향력을 지닌다. 사실 그 관념들 말고는 세상을 지배하는 것이 별로 없다."라는 말을 적어두고 싶다(시간이 많이 흐른 뒤 이런 책을 쓰게 되면서, 나는 오래전 그 '한마디'에 큰 감화를 받았다고 어머니께 나름 감동을 담아 이야기했다. 그런데 이게 웬일인가. 어머니는 기억이 영 안 난다는 듯 시큰둥하게 넘기셨다).

　복지라고 무조건 다 좋은 것은 아니다. 하지만 국제적으로 검증된 우수한 제도들에는 정말 많은 장점이 있다. 특히 한국에 그 검증된 복지정책들은 더더욱 필요한 것들이다. 하지만 돈이 있어야 제대로 한번 복지를 해보든 말든 할 수 있다. 그 돈은 어디서 나올 수 있을까?

1. 사보험 영역

한국은 세금보다 민영보험의 활용도가
극단적으로 높다

2010년부터 2018년까지 한국 국민은 OECD 중 가장 큰
규모의 사보험료를 납부한 사람들이다. GDP에 대비한 사보험
료의 비중을 보았을 때 지난 9년 동안 1위를 다섯 번, 2위와
3위를 두 번 차지했다.[1] 이 기간 GDP 대비 사보험료의 평균에
서 한국이 1등이다. 하지만 이것이 무슨 문제라고 단정할 순 없
다. 복지가 좋다는 나라들 중에서도 만만찮은 사보험료를 내고
있는 경우가 여럿이다. 나라마다 특성에 맞춰 잘 살면 되는 일
이다. 한데, 세금에 대한 자료와 함께 점검해보면 한국만의 뚜
렷한 이상 징후가 포착된다.

표 1. 주요국의 세금과 민영보험료(2010~18 평균, GDP대비, %, %p)

	민영보험료	총세금 -민영보험료	소득세 +사회보험료 -민영보험료	소득세 +소비세 -민영보험료
한국	11.8	13.5	-1.1	-0.2
네덜란드	11.3	25.6	10.2	7.1
영국	10.8	21.8	4.3	8.7
핀란드	10.7	32.3	14.4	16.1
일본	10.2	19.0	7.2	1.0
덴마크	9.7	36.1	15.0	29.4
프랑스	9.3	35.6	17.1	10.0
스위스	9.2	18.1	5.9	5.3
미국	7.5	17.6	8.3	6.6
스웨덴	7.2	36.1	19.7	17.6
캐나다	7.1	24.8	9.7	11.8
벨기에	7.1	37.2	19.3	16.1
독일	6.5	30.3	17.1	13.4
호주	5.8	21.3	6.4	12.5
뉴질랜드	5.8	25.6	5.9	18.1
오스트리아	5.1	36.9	21.6	16.1
노르웨이	4.7	35.2	15.3	16.9

• 민영보험료의 규모가 큰 순으로 정렬 • 총세금은 OECD 국민부담률을 말함 • 사회보험료는 직원과 고용주 몫을 더한 것이며 급여세도 합산됨 • 급여세는 OECD의 세금 분류 Taxes on payroll and workforce를 말함 • Swiss Re 자료의 경우, 최초 연보가 아닌 업데이트된 수치임. ▷자료: Swiss Re; OECD

표에서 보듯 어지간한 국가에선 [소득세+사회보험료] 가 민영보험료의 총합보다 훨씬 크다. 핀란드 14.4%p, 덴마크 15%p, 노르웨이 15.3%p, 프랑스와 독일 17.1%p, 벨기에 19.3%p, 스웨덴 19.7%p, 오스트리아 20.6%p 등 웬만한 선진국은 소득세와 사회보험료의 합이 민영보험료를 압도한다. 이 차이가 작은 나라들도 4~10%p가량 세금이 더 많다. 그런데 한국은 도리어 민영보험료가 [소득세+사회보험료]를 앞지른다. 이 같은 역전 현상은 OECD에서 오직 한국이 유일하다.

소득세와 소비세의 합계에서도 한국의 기형적인 사보험 우세가 두드러진다. 대부분의 선진국은 [소득세+소비세]가 민영보험료에 10%p 이상 우위를 점한다. 덴마크의 경우 [소득세+소비세]가 민영보험료보다 29.4%p 더 많아 압도적인 점수 차가 난다. 그러나 한국은 민영보험료가 [소득세+소비세]보다 더 많은 유일한 나라다(덴마크의 특수성은 뒤에 법인세를 뜯어보면서 부연하고자 한다).

전체 세금과 민영보험료의 차액에서도 한국의 왜소한 세금과 풍성한 사보험이 적나라하게 드러난다. OECD 16개 주요국의 [총세금-민영보험료]의 평균은 28.3%p이지만, 한국은 13.5%p에 그친다. 1등인 사보험 납부액과 하위권에 머무는 세금의 양이 합쳐진 결과다. 자력갱생의 자금은 남달리 풍부한데 반해, 같이 살기 위한 복지의 종잣돈은 더할 나위 없이 궁

색한 것이 오늘날의 한국이다.

사람보다 사보험을 믿는 사회

민간 보험회사의 광고들은 다채로운 미사여구로 사보험을 예쁘게 포장해 유혹한다. 잘 만든 광고에선 보험회사가 참 든든해 보이기도 하고 푸근하게 느껴지기도 한다. 하지만 이들 보험사가 아무리 온화하고 상냥하게 이미지를 꾸민다고 한들, 보험 가입을 권유하는 전제가 한국의 냉혹한 현실임은 변하지 않는다.

당신에게 혹시 위중한 일이 생긴다면 당신의 손을 잡아줄 이는 없으니까, 당신과 당신 가족의 인생은 한순간에 낭떠러지 아래로 떨어질지 모르니까, 잘 알다시피 한국은 막다른 궁지의 사람들을 살벌하게 내동댕이치는 곳이니까, 최소한 현상 유지라도 하고 싶다면 미리미리 보험 몇 개쯤은 들어두라는 게 사보험 광고들의 메시지가 아닌가? 물론 그 광고들이 이처럼 노골적으로 말하진 않지만, 이런 현실적인 위협에 수긍하는 것이 우리의 가장 강력한 보험 가입 동기일 것이다(지상파 외의 사보험 광고에선 적나라한 표현도 쉽게 볼 수 있다).

한국에는 '정이 많은 민족'이라는 오랜 관용어가 있다. 그러나 정작 한국인들은 큰 도움이 절실한 절체절명의 시련이 닥친다고 할 때, 한국이란 공동체의 구성원이란 그다지 믿고 의지할 만한 인격체가 아님을 분명히 알고 있다. 자신들의 정체성을 명확히 간파하고 있는 한국인들은, 복지를 위해 세금을 낼 수 있는 사람 대신 사보험을 믿고 또 그에 의존하여 살아간다.

물론, 획득한 소득을 어떻게 쓸지는 개인의 선택에 달린 영역이다. 사보험에 가입함으로써 각 개개인이 유사시에 대비하는 것은 매우 필요한 일이기도 하다. 하지만, 다 함께 만일을 대비하기 위한 세금 기여는 멀리하면서 자신의 대비책을 강구하는 데만 돈을 쓴다면 이는 우리 삶의 균형이 무너져 있음을 의미한다. 한국이 바로 그처럼 각자도생에 매몰된 나라임은 부정할 수 없는 사실일 것이다.

사보험 중도 해지로 생돈을 날리느니 세금을 더 내는 게 훨씬 낫다

이태규 의원(바른미래당)이 금융감독원에서 제출받은 자료에 따르면,[2] 2018년 7월부터 2019년 6월까지 생명보험사와 손해보험사의 해약 건수는 도합 913만 건이다(생보사 424만 건·손보사 489만 건). 중도 해지에 따라 39조 9천억 원이 환급되었다(생보사 25조 8천억 원·손보사 14조 1천억 원). 2017년 7월부터 2018년 6월까지는 784만 건의 해지(생보사 392만 건·손보사 392만 건)에 대해 36조 8천억 원이 환급되었고(생보사 24조 1천억 원·손보사 12조 7천억 원), 2016년 7월부터 2017년 6월 사이에는 중도 해지 718만 건(생보사 363만 건·손보사 355만 건)에 대해 32조 5천억 원의 해약 환급금이 발생했다(생보사 20조 8천억 원·손보사 11조 7천억 원).

《조선비즈》의 보도에 따르면[3] 2017년과 2018년 중도 해지에 따른 생명보험사의 환급금은 각각 23조 6559억 원과 27조 5400억 원으로 나타났다. 손해보험사의 경우 2017년 환급금이 10조 6282억 원, 2018년이 11조 8384억 원이었다. 이태규 의원의 보도자료와 유사한 수치다.

한편, 한국소비자원은 생명보험통계연보를 출처로 2016년부터 2018년까지의 생명보험사 환급액을 각각 39조 3천억 원, 44조 2천억 원, 48조 1천억 원이라고 밝혔다.[4] 해약 건수는 차례대로 747만 건, 684만 건, 734만 건이다. 위의 생보사 해약 환급액과 20조 원가량의 굉장히 큰 차이가 있다. 통계연보[5]를 확인해보면 소비자원의 경우 일반계정과 특별계정을 더한 것이고, 《조선비즈》나 이태규 의원은 일반계정만 거론한 것이다. 어느 쪽 기준이 더 정확한지는 이견이 있겠으나, 보험업계와 언론에서 보험사에 좋을 것 없는 내용을 축소하는 것은 아닌지 의문이 드는 것도 사실이다.

본론으로 돌아오자. 문제의 핵심은 사보험 해약에 따른 손실이 더없이 지대하다는 점이다. 소비자원의 설문조사에 따르면 해약된 생명보험의 평균 납입 보험료는 581만 원이었지만, 해약 후 수령한 환급금은 406만 원으로 평균 해약 환급률이 69.7%였다. 그냥 앉아서 자기 돈 30%를 잃어버린다는 이야기인데, 이는 이전부터 반복돼 온 문제다.

김영주 의원(더불어민주당)이 금감원에서 받은 자료에 따르면 2011년 생명보험 가입자가 중도 해지한 보험 건수는 420만 건이고 납입한 보험료는 26조 7천억 원인 데 반해 해지 환급금은 19조 6천억 원으로 나타났다.[6] 납부한 보험료의 27%, 7조 1천억 원을 한순간에 떼인 꼴이다. 금감원이 국민권익위원회에 제출한 자료에 따르면 2009년 생보사와 손보사의 중도 해지 993만 건에 대해 납입된 보험료 40조 4천억 원 중, 14조 5천억 원이 가계 살림으로 돌아가지 못했다.[7] 2008년에는 996만 건의 중도 해지에 관해 41조 8천억 원 중 13조 5천억 원이, 2007년에는 1,237만 건에 대해 35조 5천억 원 중 10조 8천억 원이 미환급되었다. 보험사에 스스로 떼인 돈이 2007년부터 차례대로 30.4%, 32.3%, 35.9%에 이른다.

만료 전 사보험을 해약할 때 손해가 있다는 것은 다들 알고 있는 내용이다. 개인 사정에 따라 해지할 수도 있고 이게 무

장제우의 세금수업

슨 책잡힐 일은 아니다. 하지만 그 정도가 너무 지나치다. 확인된 것만 따져도 한국인들은 일반 사립대의 등록금 총액에 맞먹는 10조 원대의 돈뭉치를 사보험 중도 해지로 해마다 까먹었다. 말로는 늘 세금 낭비를 줄여서 복지를 늘리라고 야단이지만, 정작 우리 자신도 우리가 습관처럼 욕했던 세금 도적들과 별반 다를 게 없이 막대한 돈을 헛되이 날려온 것이다.

"서민의 세금으로 국공립 보육원 더 짓자고 설득하고, 여기에 매칭해서 부자들도 세금 더 내라고 압박할 용기는 없는가. 금기에 도전해서 현안의 돌파구를 찾아야 한다. 하도 답답해서 지껄여봤다." 이 말은 김상조 전 공정거래위원회 위원장이 2015년 《경향신문》에 쓴 칼럼 「'유능한 경제정당'의 전제조건」[8] 중의 한 토막이다. 김 교수는 "답답해서 지껄여 본 얘기"라며 쓴웃음을 지었지만, 한국 사회의 도약은 이런 문제를 해결할 수 있느냐의 여부에 달려 있다고 나는 생각한다. 한국의 서민들은 십 년도 훨씬 넘게 사보험을 해지하느라 해마다 10조 원도 넘는 돈을 그냥 '버려왔다.' 그렇게 돈을 허비하느니 복지 자금 조성에 일익을 담당하는 게 100배는 더 이득이다. 그런 낭비가 세금으로 걷힐 수 있고, 이에 부가하여 인상되는 다른 이들의 세금까지 탄탄한 복지 인프라를 만드는 데 쓰인다면, 그로 인해 가장 이로운 사람들은 돈이 필요하다면서 울며 겨자 먹기로 사보험을 깨던 바로 그들, 우리 자신이다.

표 2. 한국과 스웨덴의 사보험료 규모와 추이

	GDP 대비 사보험료와 차이(%,%p)			금액 환산(조 원)
	(1) 한국	(2) 스웨덴	(1) - (2)	(1) - (2)
2010	11.1	8.3	2.8	32.4
2011	11.2	7.8	3.4	41.5
2012	14.5	7.1	7.4	94.4
2013	11.9	7.5	4.4	62.9
2014	11.3	6.8	4.5	67.1
2015	11.4	6.8	4.6	71.9
2016	12.1	6.6	5.5	89.7
2017	11.6	6.8	4.8	82.7
2018	11.2	6.8	4.4	78.5
연평균	11.8	7.2	4.6	69.0

• 금액은 한국의 GDP로 환산. ▷자료: 한국은행; Swiss Re

마지막으로 위의 표를 살펴보자. 2010년에 한국 국민은 스웨덴 국민보다 32.4조 원의 사보험료를 더 납부했다. 2017년 엔 82.7조 원, 2018년엔 78.5조 원의 차이가 난다. 10여 년간의 평균으로는 연간 69조 원의 사보험료를 한국 국민이 더 낸 셈 이다. 이러한 개별 지출의 차이가 한국과 스웨덴의 세금과 복 지를 현저히 달라지게 하는 핵심 원인 중 하나다.

부유층과 대기업이 재원을 대는 것도 필요하지만 각 개

장제우의 세금수업

인의 돈 쓰는 방법을 바꾸는 것이 충분한 자금의 확보를 위해서는 더 긴요한 일이다. 우리가 '우리 자신의 건강과 안녕을 위해' 세금을 내는 사회에서 살고자 한다면, 세금보다 사보험을 우위에 두는 그동안의 삶이 얼마나 흡족했는지 냉정하게 계산기를 두드려 봐야 한다.

2. 교육비 영역

고등교육비에 관한 전면적인 재성찰이 필요하다

교육비를 어떻게 마련할 것인가? 세금으로 한데 모아 처리할 것인가, 아니면 각자 알아서 해결할 것인가? OECD 국가는 전자와 후자로 크게 양분된다. 대학 이하 공교육에서는 모든 나라의 개별 교육비가 얼마 되지 않지만 고등교육 단위로 가면 편차가 매우 커진다. 한국은 물론 각자 내는 고등교육비가 매우 큰 유형이다. 교육비의 초기 출처를 정부와 민간으로 구분했을 때 한국에서는 GDP의 0.9%에 달하는 세금이 고등교육에 투입된다. 하지만 이는 전체 고등교육비의 절반에 그칠 뿐이다[9](Education at a Glance 2018). 민간에서 마련한 나머지 절반의 고등교육비는 OECD 최대 수준이다.

이렇게 민간의 교육비 지분이 큰 유형에서는 형평성 문제가 제기된다. 집이 가난하면 교육의 기회가 더 크게 제한된다는 것이다. 이를 해결하기 위해 공공과 민간에서 장학금 및 학자금 대출제도를 운용하지만 미국이나 한국에서 보듯 사각지대와 부작용이 만만치 않다. 집안의 형편에 따른 교육의 불공정을 해결하는 더 좋은 방식은 등록금 같은 학비를 세금으로 처리하는 것이다. 예컨대 핀란드나 스웨덴의 가계지출 고등교육비의 비중은 전체 고등교육비의 1% 미만에 그친다[10](Education at a Glance 2019). 이런 유형이라면 '등록금이 부담된다'는 말 자체가 존재하지 않는다. 그만큼 교육 기회가 열려 있는 셈이다.

그러나 이걸로 모든 문제가 끝난 것은 아니다. 교육 기회의 완전한 공정성이란 애초에 존재하지 않는 허상이다. 근본적으로 모든 사람이 고등교육을 이수해야 할 이유가 없는 데다, 고등교육에의 진입은 부모의 학력이 높을수록, 즉 소득이 높을수록 더 활발한 것이 어느 나라에서나 인지상정이다. 정도의 차이는 있겠으나 집안의 배경이 교육에 미치는 영향을 모조리 통제하는 것은 불가능하다. 이로 인해 고소득층에게 더 많은 교육재정이 배정되는 역진성의 문제가 발생한다. 성명재 홍익대 경제학과 교수의 분석에 따르면, 한국과 영국의 경우 소

장제우의 세금수업

득단계가 올라갈 때마다 교육재정의 사용량이 증가한다.[11] 고소득층으로 갈수록 교육에 투입되는 세금을 더 많이 가져가고 이를 통해 양질의 직장에 들어갈 확률도 높인다는 뜻이다. 부모의 배경에 따른 교육 기회의 편중은 국제적으로 마찬가지라는 점을 고려할 때 교육재정 배분의 역진성은 모든 나라에서 불거진다고 볼 수 있다.

정리를 해보자. 고등교육비를 개별로 지출하지 않고 세금을 인상하여 일괄 처리하는 것은 분명 더 많은 사람들에게 '부담 적은' 교육 기회를 확대하는 장점이 있다. 저소득층의 세금이 일부 증가하더라도 (특히 고등교육을 이수하는 저소득층에게는) 개별 지출 방식보다 세금 지불 방식이 훨씬 이득이다. 각자도생으로 학비를 마련할 때는 소득에 상관없이 비용을 갹출하지만 세금으로 학비를 지불할 때는 소득과 연동되어 고소득층으로 갈수록 더 많은 비용을 내야 하기 때문이다.

하지만 교육비 지출 방식을 바꾸더라도 교육재정 배분의 역진성은 여전히 남아 있다. 세금으로 교육 수준을 높이고 좋은 직장을 가게 되는 이들이 공공의 자원으로 사익을 불리는 문제 역시 사라지지 않는다. 이러한 교육의 원초적 불공정을 세금과 복지를 활용하여 푸는 것이 복지강국의 해법이다. 우수한 복지국가에서는 "저소득층의 세 부담도 작지 않지만, 소득과 무관하게 개별 부담 교육비를 미미한 수준으로 낮추고,

전체 복지를 통틀어 볼 때 저소득층으로 갈수록 더 큰 혜택이 돌아가도록 한다"는 사회구조가 작동한다. 이렇게 전 구성원의 연대를 제도적으로 강화하는 사회에서 교육의 원초적 불공정이 가장 성공적으로 완화될 뿐만 아니라 사회 약자의 생활수준이 더욱 높아진다(이에 대한 통계적 일면을 4장의 말미에서 확인할 수 있다).

한국의 등록금이 비싸다는 착각

한국의 등록금은 비싸기로 악명이 높다. 어지간한 가정에는 상당한 부담이 되는 게 사실이다. 학비 부담을 해소하는 최선의 방식은 핀란드나 스웨덴과 마찬가지로 세금을 늘림으로써 가계의 교육비를 획기적으로 낮추는 것이다. 이때, 고소득층으로 갈수록 더 큰 부담을 지되 사회의 모든 구성원이 동참해야 이른바 '무상교육'의 나라에서 구현되는 세금과 복지의 장점을 온전히 취할 수 있다.

이와 더불어, 한국의 등록금이 비싸다는 인식에 담긴 맹점도 바로잡아야 학비 부담을 해소하는 조세-교육 정책의 효과를 높일 수 있다. '고등교육의 비용은 원래 비싼 것'이라는 사실부터 받아들여야 한다는 이야기다.

장제우의 세금수업

표 3. 1인당 GDP 대비 학생 1인당 공교육비의 비율(2016, %)

고등교육		유아 및 초등교육		중등교육	
영국	56.7	한국	31.7	한국	33.3
캐나다	53.5	오스트리아	28.3	오스트리아	31.4
미국	52.5	노르웨이	27.1	캐나다	31.3
스웨덴	49.2	영국	26.4	노르웨이	29.3
일본	47.0	벨기에	26.1	벨기에	28.8
노르웨이	43.3	뉴질랜드	25.4	프랑스	28.8
칠레	40.2	덴마크	25.4	뉴질랜드	28.0
핀란드	40.1	일본	24.8	일본	27.5
뉴질랜드	39.9	프랑스	24.2	영국	26.2
프랑스	38.4	캐나다	24.1	네덜란드	25.3
벨기에	38.4	스웨덴	23.4	독일	24.5
네덜란드	37.9	핀란드	22.9	미국	24.1
오스트리아	35.3	미국	22.7	스웨덴	24.1
독일	34.8	독일	22.6	호주	23.9
덴마크	34.6	이탈리아	22.4	핀란드	23.8
호주	33.2	아이슬란드	22.2	이탈리아	23.6
이탈리아	29.7	이스라엘	22.1	덴마크	22.9
이스라엘	29.4	칠레	21.9	이스라엘	22.0
한국	28.2	네덜란드	21.6	아이슬란드	21.9
아이슬란드	27.6	호주	21.5	칠레	21.7

• 덴마크는 2014년 기준 • 호주 고등교육의 경우 2015년부터 낮은 편으로 조사되는데 원래 40 안 팎의 높은 수준을 유지하는 나라였음. 갑자기 이 비율이 낮아졌다가 회복하는 경우가 다른 나라의 사례에서 나타남. GDP 대비 고등교육비의 규모 등 관련 자료들을 볼 때 호주도 그럴 것이라 예상됨.
▷자료: Education at a Glance 2019; Education at a Glance 2017

한국은 교육단계별 공교육비의 지출 양상이 이례적인 나라이다. 3세 이상의 유아 및 초등교육과 중·고등학교를 포괄하는 중등교육 단계에서는 경제성장에 대비하여 OECD 최고의 1인당 공교육비를 기록한다. 2010~2013년 동안에는 평이한 추세를 보이다가 2014년을 기해 최고 수준으로 뛰어올랐다. 반면 경제성장에 대비한 고등교육 이수자 1인당 공교육비는 OECD 최저 수준이다. 원래 낮은 편이었는데 최근으로 올수록 더욱 하향하는 추세이다. 이처럼 극단적으로 교육단계별 지출액 수준이 엇갈리는 것은 다른 나라에서는 나타나지 않는 한국만의 특성이다.

고등교육에 한정해서 그 의미를 추정해보면, 경제성장에 대비한 1인당 공교육비를 통해 우선 교육기관 및 학생에 대한 투자가 얼마나 되는지 가늠해볼 수 있다. 교육이나 지식 및 기술 숙련의 체계는 나라마다 상이하므로 실질적인 투자액과는 차이가 있을 것이고, '1인당 GDP 대비 1인당 공교육비'의 비율이 높다고 해서 그만큼 우수한 교육이 이뤄진다는 보장도 없다. 하지만 이 지표를 통해 공교육에 대한 자금 투입의 수준은 평가할 수 있을 것이다. 한국은 고등교육기관과 그 이수자들에 대한 투자가 남달리 저조한 상태이다. 학교에 따라 편차가 있을 것이나, 그동안 부실 대학들이 우후죽순 생겨났음을 감안하면 한국 대학들의 전반적인 자금 사정과 교육 수준이 여타

장제우의 세금수업

에 비해 열악하다고 보아도 무리가 없을 것이다. 군이 대학에 갈 필요가 없는 이들까지 사회적 압력으로 인해 너도나도 대학을 갔던 현실이 드러나는 대목이다.

또 한 가지, OECD 주요국 거의 모두가 한국에 비해 '1인당 GDP 대비 1인당 고등교육비'가 한결 높다는 것은 '한국의 등록금이 비싸다'는 인식에 오류가 있음을 보여준다. 이 고등교육비는 정부든 가계든 누군가는 비용을 치러야 한다. 만약 개별적인 학비 지출이 적고 정부 부담 교육비가 많은 유형의 나라들에서 한국처럼 각자 알아서 학비를 내는 방식으로 전환한다면, 이들의 높은 '1인당 GDP 대비 1인당 고등교육비'를 고려할 때 부담 없이 싼 가격으로는 고등교육을 이수할 수 없다. 결국, 한국의 등록금이 비싸다는 것은 세금을 인상해 학비를 공동으로 지불하는 방식을 택하지 않기 때문이지, 정말로 등록금이 터무니없이 비싸기 때문은 아니다.

그동안 밑도 끝도 없이 늘어났던 수준 미달의 대학들과 한국의 유달리 높은 대학 진학률, 그리고 지나치게 낮은 '1인당 GDP 대비 1인당 고등교육비'는 서로 연결되어 있다. 이런 점에서 무턱대고 등록금 인하를 주장해온 한국의 대학생 및 시민단체들은 관점을 교정할 필요가 있다. 그들은 보편적인 세금 인상을 터부시하는 가운데 본디 비싸기 마련이며, 여타 국가들에 비해 비싸다고 보기도 어려운 '학비'를 내려야 한다고 다분히 억지를 부려왔던 것이다. 여기에 정치권은 등록금이 비싸다는 아우성만을 받아들여 등록금 인상을 간접적으로 억제함으로써 고등교육의 수준을 떨어뜨리는 데 일조했다. 우리 사회는 아예 철저한 미국식을 택해 등록금과 학자금 대출이 천정부지로 치솟도록 내버려둠으로써 대학의 질적 향상을 도모하든가, 아니면 복지강국의 방식을 택하여 세금을 더 걷는 대신 개별 교육비 지출을 최소화하고 고등교육에 대한 공적 투자를 늘리는 방식으로 가야 한다.

한국이 후자의 방식을 택하려 한다면 대학 구조조정이 필수이다. 유달리 많은 한국의 대학생들에게 여타 국가에 준하는 '1인당 GDP 대비 1인당 고등교육비'를 투입하는 것은 곤란하기 때문이다. 이는 세금의 누수이고 고등교육의 낭비이다. 증세를 통한 개별 학비의 최소화는 대학 구조조정, 세금과 복지의 총체적인 개혁, 나아가 노동시장의 정상화까지 모두 한 세트로 추진돼야 한다.

유달리 막대한 한국 사교육비의 일부는
세금으로 납부돼야 한다

지금까지 학원이나 과외 등의 사교육비를 제외한 공교육비에 대해 정부와 민간의 부담 수준 및 이와 관련된 보편 증세 여력을 살펴보았다. 또 그에 앞서 OECD 최대 규모의 한국 사보험 시장에 대한 분석을 통해 보편 증세의 여력이 상당함을 확인했다. 사교육에 대한 한국 국민의 지출 역시 보편 증세의 여지가 상존하는 영역이다. 다른 나라들이라고 사교육이 없는 것은 아니지만, 그 통계를 쉽게 찾아보기도 어려울 만큼 사교육 규모는 크지 않다. 하지만 한국은 모두가 알다시피 사교육의 제국이다.

전체 사교육비의 추산은 사교육비를 무엇으로 규정할지, 대상을 누구로 할지에 따라 달라지게 된다. 먼저 통계청의 사교육비 발표[12]를 보면, 첫 조사인 2007년부터 2011년까지는 연간 20조 원 이상으로 나타난다(차례대로 20조 원, 20조 9천억 원, 21조 6천억 원, 20조 9천억 원, 20조 1천억 원). 2012년에는 19조 원을 기록하며 20조 원 이하로 내려갔고 2013~2015년 동안에는 18조 6천억 원, 18조 3천억 원, 17조 8천억 원으로 하향 추세를 이어갔다. 2016년부터는 상승 추세로 반등하여 2018년까지 차례대로 18조 1천억 원, 18조 7천억 원, 19조 5천억 원을 기록한다. 2007~2018년 사이의 연평균은 19조 5천억 원에 달한다.

통계청은 사교육 관련 설문조사를 실시하고 사교육비 실태를 발표하고 있는데, 이때 미취학 아동과 대학생을 조사 대상에서 제외하고 방과후 학교나 EBS, 어학연수에 관한 비용 등도 포함하지 않는다. 따라서 과소 추계된 사교육비다.

양정호 교수의 2013년 논문 「우리나라 역대 정부의 사교육비 추이 분석」[13]에서는 통계청이 제외한 조사 대상을 포함시키고 『가계동향조사』에서 학원 및 과외비를 사교육비로 추려냈는데, 2007~2012년 사이 사교육비 규모는 연평균 26조 5천억 원으로 추계되었다. 여기에 교재비를 추가하면 연 2조 원가량의 사교육비가 늘어난다. 통계청의 사교육비가 동 기간에 연평균 20조 4천억 원으로 조사된 것과 상당한 차이가 있다.

박광온 의원(더불어민주당)이 공개했던 KDI의 사교육비 추계[14]는 양 교수의 그것보다 총액이 증가한다. 2010~2014년까지 사교육비 총액은 각각 30조 4천억 원, 31조 1천억 원, 31조 6천억 원, 33조 1천억 원, 32조 9천억 원으로 추계되었다. KDI는 양 교수와 같이 『가계동향조사』를 분석했는데 국내 연수비를 사교육비에 넣거나 1인 가구를 대상에 포함하는 등 더 세밀하게 사교육을 규정했다. 결론적으로, 연 20조 원 안팎의 통계청의 공식 사교육비보다 10조 원가량 더 많은 연 30조 원대의 사교육비가 쓰이는 것이 현실이다.

이런 대규모의 사교육비는 한국의 이례적인 소비 행태다. 막대한 사교육비가 전부 세금으로 납부돼야 할 필요까진 없겠지만, 이로부터 일정 부분 보편 증세가 이뤄질 수 있고 또 그렇게 되어야 올바르다. 웬만해선 사교육비를 쓰지 않고 그것이 가구의 여유소득이 되며, 그 여유소득 중 일부를 세금으로 내어 복지를 발전시키는 사회가 합리적이다. "사교육에 지출하고 나면 남는 것도 없고 노후도 대비하지 못할 지경"이라는 사연이 언론의 단골 기사로 올라오는 현실은 기괴하기 짝이 없다. 이런 자해적인 소비 행태를 지속하느니 세금을 더 내고 복지 발전을 요구하는 것이 당사자에게도 모두에게도 이득이다. '사교육비 때문에 버겁다'는 헬조선적 현실이 아득한 추억이 될 수 있도록 사교육비의 일부는 필히 세금으로 전환돼야 한다.

스스로에게 물어보자. 우리는 각자도생을 상징하는 사교육 제국을 뒤안길로 보낼 준비가 되어 있는가. 우리는 사교육이 아니라 우리가 협심해 만든 튼튼한 조세 재정을 믿고 의지할 준비가 되어 있는가. 나는, 그렇다고 믿고 있다. 물 밑에 잠겨 보이지 않는 변화의 열망이 뜨거울 것이라고 희망을 가져본다.

3. 전월세 보증금 영역

고액의 전월세 보증금은 폐지하고
그 일부는 세금으로 가야 한다

한국만의 독특한 소비지출 행태의 정점에는 전월세 보증금이 있다. 한국에서는 집을 빌려 쓰기 위한 보증금이 작게는 300여만 원에서 많게는 십수억 원에 이르기도 한다. 서울 주요 지역에서 억대의 보증금은 흔한 일이다. 반면에 한국 이외의 국가들에선 1~3개월 치의 월세가 보증금으로 기탁된다.

많은 사람들이 월세가 들지 않는 전세를 선진국에는 없는 한국만의 훌륭한 임대 제도로 호평한다. 전세까지는 아니더라도 보증부 월세의 보증금을 증액하면 월세를 크게 낮출 수 있어 이에 대한 선호도 높다. 하지만 나는 한국의 보증금 관행에 대해 매우 비판적인 시각을 가지고 있다. 그 이유는 다음과 같다. 첫째, 경제적으로 가장 약자인 이들을 가장 혹독하게 차별하는 것이 한국의 전월세 보증금이기 때문이고, 둘째, 목돈의 필요를 최소화하는 사회가 더 나은 사회이기 때문이며, 셋째, 소액 보증금 월세만 있는 나라의 생활 여건이 한국보다 우월하기 때문이다.

한국에서는 특유의 보증금 관행에 따라 가진 돈이 모자 랄수록 주거비 손실이 커지게 된다. 누구에게나 항시 목돈 확 보가 중요하다. 한데 거액의 목돈을 손에 쥐지 못했다고 월세 를 더 내놓아야 한다면, 그리고 이 같은 임대료 책정이 한국 처럼 법과 도덕의 차원에서 규범화된 수준이라면 어딘가 께 름칙하다.

소득에 대비한 주거비는 상위 소득층보다 저소득층이 더 많이 지출할 수 있고, 이런 현상이 안쓰럽기는 하나 이해하지 못할 일은 아니다. 그러나 가난하다는 이유로, 돈을 덜 모았다 고 집세 자체가 비싸지는 건 선뜻 납득하기 어렵다. 이런 임대 료 관행이 대체 어디가 정당하단 것인가? 몸을 누일 집을 빌 리는 일과 돈을 빌리는 일은 엄연히 다른 사안일 텐데, 한국 에선 대출이자 심사하듯 임대료를 재단해왔다. 그리고 이 과 정에서 가장 궁한 세입자가 집중적으로 차별당했다. 소액 보증 금 월세만 있는 선진국에도 세입자의 소득에 따른 차등은 존 재한다. 집주인이 안정적인 소득의 세입자를 증빙 자료를 통해 가려 받거나 보증인을 요구하는 경우도 있다. 하지만 한국처럼 "모은 돈이 부족하니 월세를 더 내라"는 적극적인 저소득층 차 별은 볼 수 없다.

전세 등의 고액 보증금을 통해 상호 이득을 보는 세입자와 집주인도 있지만 여윳돈이 없어 이 시장에 진입하지 못하는 계층에게는 생활비 상승으로 해를 끼치는 게 한국의 고액 보증금이다. 특히 축적된 자산이 얼마 없는 하위층 가정의 학생이나 저임금 사회 초년생, 비정규직 등은 목돈 마련이 실상 불가능한 데다 보증금 대출도 여의치 않아 가장 큰 피해를 입는다. 개중 형편이 좀 나은 세입자가 전세 덕을 본다는 이유를 들어 고액 보증금 임대를 옹호하는 것은 가장 열악한 서민들에게 불이익을 주자는 말과 다를 게 없다.

소액 보증금 월세 제도가
뛰어난 조세·복지 제도와 결합된다면

상당한 액수의 종잣돈을 마련하여 집을 대여할 수 있을 만큼 벌이가 양호한 세입자라면 실제로도 양호한 삶을 살수 있어야 정상적인 사회일 것이다. 그러나 한국은 맘 편히 지낼 수 있는 소득이 있어도 걸핏하면 무슨 '난민'으로 전락한다. 언론은 앞다퉈 전세금의 폭증으로 인한 전세 난민을 걱정하고 현 정부 여당이나 일부 시민단체는 전세금 상승을 규제해야 한다고 목소리를 높인다. 이처럼 보증금이 많이 드는 게 문제라는 인식은 모두 번지수를 잘못 찾은 것이다. 고액 보증

장제우의 세금수업

금을 낮추는 '눈 가리고 아웅' 대책이 아니라 그런 목돈이 애초에 불필요한 생활양식을 확립해야 한다. 고액 보증금을 준비하지 않는 대신 세금과 복지를 늘리는 것이 한국 국민 다수에게 이득이다.

한국은행에 따르면 2018년 3월 기준 전월세 보증금의 총액은 약 687조 원으로 추산되었다.[15] 전세 보증금이 512조 원, 보증부 월세의 보증금이 175조 원이다. 그동안 전세금이 상승을 거듭했으니 현재 보증금 총액은 700조 원을 훌쩍 넘기고도 남을 것이다(김세직·고제헌은 「한국의 전세금융과 가계부채 규모」라는 논문[16]에서 이미 2016년에 전월세 보증금의 규모가 700조 원을 넘었다고 추산한 바 있다). 한편, 은행권의 전세자금 대출은 2019년 4월 기준 도합 102조 원이다.[17] 비은행권 대출이나 신용 대출로 조달하는 보증금, 부모가 대출을 받아 자식에게 마련해주는 전세금 등을 고려하면 실제 전월세 보증금 용도의 대출은 이보다 크다고 봐야 한다.

2019년의 전월세 보증금을 보수적으로 보아 700조 원으로 놓고 이에 투입된 세입자의 대출액을 넉넉잡아 150조 원으로 가정하면, 한국에서 임대 보증금에 물려 있는 현찰은 물경 550조 원이다. 대출분을 빼고도 무지막지한 돈다발이 거처를 빌리는 데 쓰이고 있다. 한국도 다른 나라들처럼 소액의 보증금만 건다고 할 때, 평균 보증금을 200만 원으로 가정하고 이를 688만 전월세 가구[18]에 적용해보면, 보증금 총액은 약 14조 원이 된다. 이 말은 곧 고액 보증금 관행을 중단하면 530조 원 이상의 어마어마한 돈뭉치가 세입자의 수중으로 돌아간다는 의미이다. 평균적으로는 세입자 1가구당 7,800만 원가량의 가용 소득이 생기는 셈이다.

이렇게 돈 계산을 해본 것은 고액 보증금을 당장 폐지할 수 있고 또 그러기만 하면 갑자기 사람들의 수입이 늘기만 한다는 이야기가 아니다. 상대적인 소득 상위층의 주거비를 아껴주는 고액 보증금 구조가 이롭기만 한 것인지 따져볼 필요가 있다는 것이다. 보증금은 소액만 쓰고 복지가 발달한 사회에서라면 한국과 달리 보증금용 목돈을 마련하고자 허리띠를 바싹 졸라매지도 않고 부모의 손을 빌리지도 않는다. 주거용 목돈을 서둘러 비축하지 않는 만큼 한국보다 가용 소득이 늘어나고, 이 늘어난 소득으로 한국보다 높은 월세와 세금을 내고, 이것저것 소비도 하고, 내 집 장만을 위한 저축도 할 수 있다. 또 한국보다 세금을 더 내는 만큼 복지는 훨씬 더 거하게 챙겨 받는다. 결국, 보증금이 조금만 드는 월셋집이란 그것이 적절한 조세-복지 제도와 결합할 때 복지강국을 실현하는 톱니바퀴의 하나가 되는 셈이다.

이 같은 소비지출 구조의 장점을 극대화시킨 사례가 바로 북유럽이다. 유럽통계청의 연례조사 중 하나인 주거비 부

장제우의 세금수업

담에 관한 유럽 국가들의 실태조사[19]를 보면 스웨덴, 덴마크, 노르웨이가 눈에 띄게 좋은 성적을 거둔다. 우선, 빈곤층에게 '주거비가 무거운 부담인지' 물었을 때 2018년 기준 노르웨이 12.5%, 스웨덴 20.5%, 덴마크 22.2%로 나타난다. 가장 가난한 소득층일지라도 다섯 명 가운데 한 명 정도만 주거비 부담을 무겁게 여긴다는 뜻이다. 이는 유럽 내에서 가장 좋은 성적이며, 이 세 나라 다음으로는 핀란드 23.9%, 네덜란드 23.9%, 독일 24.4% 등이 자리한다. 여기서의 빈곤층은 중위소득의 60% 이하이며 주거비는 임대료, 원리금 상환, 주거관리비(상하수도료, 전기료, 쓰레기 수거 비용) 등을 모두 더한 것을 말한다.[20]

'주거비 부담이 무겁다'고 답하는 전체 소득층의 비율을 보면 노르웨이가 4.6%, 스웨덴이 7.2%, 덴마크가 8.5%로 유럽 내에서 가장 낮은 것으로 조사된다. 조금의 흠도 없이 완전무결하게 주거비 부담을 없앤 것은 아니지만 본받기에 충분한 주거 여건이라 평가할 만하다. 세 나라의 다음으로는 네덜란드 8.8%, 오스트리아 12%, 독일 13.1% 등이 자리하고 있다. 독일의 경우 유달리 자가주택이 적고 민간임대가 많기로 유명하지만 너도나도 월세를 내느라 등골이 휘는 '월세 지옥'과는 거리가 멀다.

'주거비가 전혀 부담되지 않는다'는 답변의 비율을 보면 전체 소득층의 경우 스웨덴이 64.7%, 덴마크가 63.9%, 노르웨이가 61.3%로 역시 가장 좋은 성적이다. 사회 모든 구성원이 주거비 걱정에서 해방된 것은 아니지만 상당히 인상적인 수치이다. 이들의 뒤로는 프랑스 54%, 네덜란드 52.1%, 영국 42.7% 등이 있다. '주거비 부담이 전혀 없는' 빈곤층의 비율에서도 북유럽 3개국이 앞서 나간다. 덴마크에서는 빈곤층 가운데 46%가, 스웨덴에선 42.5%가, 노르웨이에선 40.9%가 주거비 부담을 체감하지 못한다. 전체 소득층의 40%가 주거비 부담이 없는 주거 여건도 흔치 않음을 고려하면 빈곤층의 40% 이상이 주거비 걱정을 하지 않는 주거 여건은 남다른 성취라 할 만하다. 이다음으로는 프랑스 33.7%, 네덜란드 32%, 영국 27.8% 순이다.

이처럼 고르게 우수한 북유럽의 주거 여건은 충분한 세금, 실용주의와 인본주의의 균형을 찾는 복지, 그리고 이에 기반한 여성과 남성 모두의 높은 고용률 및 작은 (임금) 격차, 여기에 임대료와 계약 기간에 관한 임대차 규제 등이 종합된 결과이다. 집세를 아껴주는 전세 등의 고액 보증금과는 아무런 상관이 없다. 오히려 보증금을 많이 내지 않기에 가능한 일이다. 고액 보증금을 준비하는 대신 세금을 더 내고 복지를 발전시키는 생활양식이 더 나은 사회를 만드는 기반이다.

지난 시간, 한국 특유의 보증금 반비례형 임대료 관행은 상당수 세입자의 주거비를 아껴줌은 물론 계층 이동의 발판이 되어주면서 확고한 지지를 얻어왔다. 하지만 그 이면에는 목돈 없는 저소득층 세입자가 집세를 더 물어야 하는 억울함이 존재했다. 이런 불공정을 타파하기 위해서도, 또 보편 증세의 수용성을 높이기 위해서도 한국식 고액 보증금은 폐지해 나가야 한다.

한국의 증세 저항감이 거센 이유는 한두 가지가 아니지만 고액 보증금 같은 목돈 마련의 부담감도 하나의 이유가 된다. 예를 들어 보편 증세의 주 대상인 중산층 장년 가구를 생각해보자. 이들 가구의 부모는 여건이 되는 데까지 자식의 뒷바라지를 해주려 한다. 학업, 취업, 결혼 등으로 분가한 자녀에게 전세 등의 보증금을 대주는 것도 그 일환이다. 보증금이 모자라면 월세가 늘어나는 벌을 받게 되니 부담을 무릅쓰고 챙겨주는 경우가 적지 않다. 이렇게 징글징글한 뒷바라지 문화가 사라진다면 부모의 어깨는 그만큼 가벼워진다. 이런 배경에서라면 모두에게 돌아가는 복지를 위해 세금을 더 내는 일이 한결 수월해질 것이다.

비단 셋집을 구하는 사안뿐만 아니라 일순간 큰돈이 드는 일을 최소화하는 것이 복지국가의 속성이다. 병원비처럼 건강과 생명에 직결되는 비용이라든지 학비처럼 생계 및 자아실현을 위해 꼭 써야 하는 비용 등을 개인 차원에서 감당하려면, 때로 가산을 탕진하거나 상당한 빚을 져야 할 만큼 거금이 요구된다. 이 때문에 복지강국에서는 불시에 발생하는 각종 경비를 세금으로 비용 처리, 곧 공적 공동구매로 해결한다. 뭉칫돈이 없다고 낭패를 당하지는 않도록 미리미리 상호 협력하는 것이다.

한국과 같이 인생의 도처에서 목돈을 독촉받는다면 어떻게든 각자의 몫을 더욱 쟁여두는 것이 중요하고, 모두가 세금을 충분히 분담하는 연대의 과제는 저 뒷전으로 밀려나게 된다. 앞으로도 지금처럼 사는 것이 괜찮고 또 이런 삶에 별 이상이 없다면 다행이지만, 한국 국민이 기존의 삶의 방식을 고수함에도 불구하고 밝은 미래가 열리기는 쉽지 않을 것이다.

수많은 사람들의 고달픔과 계층 상승의 욕망이 공존하는 고액 보증금 제도. 우리는 이 제도를 개혁하고, 이로부터 모두가 안정적으로 보편 증세에 기여할 수 있는 재원을 마련할 수 있을 것인가? 그 대답은 우리 사회의 구성원들이 과연 어떤 세상을 원하고 있으며, 어떤 세상에서 살아가려는 의지를 갖고 있는가에 대한 답이기도 할 것이다.

직접세와 간접세, 그 혼돈과 정리

나는 앞으로 두 장에 걸쳐 소득세와 더불어 보편 증세의 대표 주자 중 하나인 간접세를 분석할 것이다. 더불어 직접세와 간접세에 대한 숱한 오류를 바로잡을 계획이다. 간접세에 대한 상식화된 편견과 하나부터 열까지 다 틀린 '숫자의 산'을 마주하며 우리에게 도움이 될 진실에 다가가는 작업은 연구자로서 뜻깊은 일이었다. 이전까지 아무도 수행하지 않은 일이기에 더욱 그러했다.

『세금수업』에서 간접세와 직접세를 이처럼 집중적으로 다룬 이유는 무엇인가. 무엇보다도 이 세금들을 둘러싼 숱한 오해와 이에 대한 안타까움 때문이다. 간접세는 우리가 그것을 어떻게 쓰느냐에 따라 훌륭한 성과를 거둘 수 있는 세목이다. 한국에 필요한 만큼 세금의 양을 늘리기 위해서라도 간접세의 인상은 피할 수 없다.

국제 비교는 간접세의 인상과 저소득층의 생활 여건이 무관함을 보여준다. 한국처럼 간접세를 적게 걷지만 저소득층의 삶이 열악한 나라들이 있는가 하면, 간접세를 매우 많이 걷음에도 저소득층의 삶이 양호한 나라들이 존재한다. 그럼에도 간접세를 입에 올리기만 하면 '저소득층에게 더 큰 부담'을 운운하는 전문가들이 얼마나 많았던가.

나는 단언할 수 있다. 직접세와 간접세에 관한 기존 한국의 모든 통계는 모조리 틀렸다. 이렇게 통계가 엉망진창이 된 기원은 기획재정부와 국세청이다. 이명박 정권의 과오도 상당하고, 이를 무비판적으로 받아 쓴 언론의 잘못도 만만치 않다. 모쪼록 『세금수업』의 분석을 계기로 올바른 조세 통계가 국가의 공식 통계로 발표될 수 있기를 바라본다.

직접세와 간접세의 진실을 말하다

상품이나 서비스를 구매할 때 납부하게 되는 소비세는 보편 증세의 대표적인 세목이다. 하지만 소비세는 역진적인 간접세로 인식되며, 한국에서는 특히 증세 반감이 높은 영역이다. 아주 흔한 예로 부자가 담배를 사든, 서민이 사든 담배에 붙는 세금은 똑같으므로 사실상 서민의 부담이 더 크다는 것이다. 200만 원을 버는 서민도, 2억을 버는 부자도 똑같이 소비세로 10만 원을 내야 한다면 서민은 소득 대비 5%, 부자는 소득 대비 0.05%의 세금을 내게 되므로 소비세는 역진적이고 서민에 대한 강탈이라는 것이 불만의 골자이다.

관련 연구자들의 분석은 세간의 인식과 비슷한 점도 있고 약간 다른 점도 있다. 성명재(2012)[1]는 총소득 대비 부가가치세(VAT)의 실효세부담률이 소득 10분위에 걸쳐 다소간 역진적이라고 보고한다. 2010년 기준 하위 10%인 1분위부터 상위 10%인 10분위까지 소득에 대비한 부가가치세의 실효세율은 차례대로 3.6·3.5·3.6·3.8·4.0·3.8·3.7·3.6·3.5·3.1(%)이다. 대체로 차이가 미미하지만 중위 소득층인 5분위의 VAT 실효세율이 가장 높고 고소득층인 10분위가 가장 낮다. 박명호·정재호(2014)[2]에 따르면 한층 가파른 역진성이 나타난다. 2012년 기준 1~10분위의 부가가치세 유효세부담률은 7.3·5.8·5.5·5.2·5.0·4.8·4.7·4.3·4.0·3.3(%)이다. 소득단계가 올라갈수록 소득에 대비한 부가가치세가 마치 짜기라도 한 듯 줄어든다. 전승훈(2019)[3]의 경우 하위층의 부담률이 더욱 올라간다. 2014년 기준 1분위부터 차례대로 13.3·7.3·6.3·5.8·5.7·5.4·5.2·4.7·4.5·3.7(%)의 역진성이 나타난다.

OECD에서는 20개 회원국의 VAT 부담률을 측정한 적이 있다. 한국을 비롯한 주요국의 결과는 다음과 같다.

표 4. OECD 주요국의 소득분위별 가처분소득 대비 VAT 부담률(%)

	1	2	3	4	5	6	7	8	9	10
오스트리아	15.3	11.5	11.3	10.5	10.7	9.9	9.7	9.2	8.7	8
네덜란드	14.2	9.8	9	10	8.8	9.3	8.6	9.1	9	7.8
스페인	13.6	11.5	10	9.8	10	9.1	9.1	8.5	8.1	7.3
아일랜드	12.2	10	10.1	9.2	9	8.2	7.4	6.5	5.5	4.4
벨기에	11.5	11.3	11	11	10.4	10.7	10.2	9.9	9.3	6.8
뉴질랜드	11.4	9.7	9.2	8.3	8	7.8	6.7	6.1	5.6	4.7
독일	9.6	9	9.1	9.4	9	8.9	8.6	8.5	7.9	6.9
영국	8.8	7.5	7.1	7.1	6.4	6.2	6.4	5.8	5.8	5.2
한국 1	7.2	5.1	4.5	4.2	4.1	4	3.6	3.3	3.1	2.8
한국 2	13.3	7.3	6.3	5.8	5.7	5.4	5.2	4.7	4.5	3.7

• 1은 하위 10%, 1분위를 말함 • 10은 상위 10%, 10분위를 말함 • '한국 2' 2014년, 뉴질랜드 2013년, '한국 1' 2012년, 오스트리아 2009년, 독일 2008년, 네덜란드·아일랜드 2004년, 나머지 는 2010년 기준 • '한국 1'은 OECD·KIPF(2014)의 측정치이고 '한국 2'는 전승훈(2019)의 측정치 ▷자료: OECD·KIPF(2014): 전승훈(2019)

나라별로 VAT 부담률 수치가 조금씩 차이는 나지만 전반 적으로 역진성이 나타나고 있다. 상위 10%의 소득 대비 VAT 부담의 정도는 하위 10%의 그것보다 확연히 낮아진다. 이처 럼 소비세는 세금은 누진적이어야 한다는 합의된 상식에 어긋 나는 세목이다. 이러한 결함이 당장 간접세를 폐지해야 마땅 한 수준인 건지, 아니면 간접세 이외의 세금들은 훨씬 누진적이니 상쇄되는 수준인 건지 각자의 입장은 갈릴 테지만, 저소득층의 세 부담이 오히려 높다는 것만은 분명하다. 간접세에 대한 불만에는 근거가 있는 셈이다. 하지만 한국에는 간접세에 대한 오해도 산더미처럼 쌓여 있다. 지금부터는 그 수많은 오해를 차곡차곡 벗겨내보자.

최우수 삶의 질 국가들은 간접세의 세율이 높다

표 5. OECD 주요국의 소비세(간접세)와 삶의 질

삶의 질 평점 (10점 만점)		표준 VAT 세율		GDP 대비 소비세(%)		총조세 대비 소비세(%)	
핀란드	7.77	덴마크	25	덴마크	14.7	뉴질랜드	38.5
덴마크	7.60	노르웨이	25	핀란드	14.4	이스라엘	36.5
노르웨이	7.55	스웨덴	25	뉴질랜드	12.6	핀란드	33.6
아이슬란드	7.49	핀란드	24	스웨덴	12.3	덴마크	32.7
네덜란드	7.49	아이슬란드	24	아이슬란드	12.0	아이슬란드	32.6
스위스	7.48	네덜란드	21	노르웨이	11.7	노르웨이	30.1
스웨덴	7.34	오스트리아	20	오스트리아	11.6	네덜란드	29.3
뉴질랜드	7.31	이스라엘	17	네덜란드	11.3	스웨덴	28.0
캐나다	7.28	뉴질랜드	15	이스라엘	11.3	오스트리아	27.5
오스트리아	7.25	호주	10	캐나다	7.7	한국	26.3
호주	7.23	한국	10	한국	7.5	호주	26.0
이스라엘	7.14	일본	10	호주	7.4	캐나다	23.4
미국	6.89	스위스	8	일본	6.2	일본	21.0
한국	5.89	캐나다	5	스위스	5.8	스위스	20.8
일본	5.89	미국	-	미국	4.3	미국	17.6

• 삶의 질은 2016~18년 평균 • VAT 세율은 2019년 기준(2018년과 동일함. 일본의 경우 2019년 10월에 8%에서 10%로 인상됨) • GDP 대비 소비세와 총조세 대비 소비세는 2018년 기준 • 총조세는 OECD 국민부담률을 말함 ▷자료: OECD; World Happiness Report 2019

10점 만점 기준 '삶의 질 평점'은 세계 150여 개국의 국민
이 직접 매기는 점수이다. 갤럽월드폴에서 조사하고 UN의 자
문기구《지속가능발전해법네트워크(SDSN)》에서 발간하는『세계
행복보고서(World Happiness Report)』에 실려 있다. 소위 '행복
지수' 또는 '세계 행복국가의 순위'로 익숙한 그것이다. 대부분
의 언론이 이 순위 선정에 1인당 GDP나 기대수명 같은 요소
들이 반영된다고 보도하지만, 이는 보고서를 보지도 않고 쓰
는 오보이고, 실제 보고서는 단 하나의 질문을 통해 행복국가
를 가려낸다.

> "가능한 최악의 삶(the worst possible life)을 '0'으로 놓고,
> 최상의 삶(the best possible life)을 '10'으로 놓았을 때, 당
> 신은 지금 어디에 서 있나요?"

바로 이 질문에 대한 답을 점수화한 것이『세계행복보고
서』의 나라별 순위다. 질문의 내용을 보면 '행복'이란 표현보다
는 '삶(과 사회)에 대한 종합평가'가 어울려 보인다. 2016~2018년
을 합산한 2019년 보고서에 따르면 핀란드, 덴마크, 노르웨이
등 '어쩐지 늘 보던' 국가들이 상석에 버티고 있다. 표의 왼쪽,
첫째 열에는 모두 열다섯 나라가 있는데, 2019년 행복보고서
의 성적 순이다. 이 중에서 핀란드부터 이스라엘까지 12개국

장제우의 세금수업

은 '삶의 질 평점' 1위부터 13위를 차지했다. 핀란드는 7.77, 이스라엘은 7.14의 평점이다. 12위는 7.17의 코스타리카인데, 이 나라는 평점에 대한 표준편차가 크다. 사람들이 매기는 점수 간 차이가 크게 벌어져 있어 내실이 좋지 않다는 뜻이다(미국, 한국, 남미권 국가처럼 격차가 크고 복지가 부실하거나 중동의 산유국들처럼 인권이 후진 나라의 표준편차가 좋지 않다). 표준편차까지 고려할 때, 2019년 보고서에서 실질적으로 세계 12위 안에 드는 핀란드부터 이스라엘까지 이 12개국은 2005년부터의 장기 평균에서도, 서로 순위는 바뀌지만 똑같이 세계 12위를 차지한다. 삶의 질 우수 국가들이 흡사 장기 집권 체제를 구축한 모양새다. 표준편차의 장기 추이를 보면, 이들 장기 평균 상위 12개국이 1위부터 14위를 기록한다(끼어든 두 나라는 룩셈부르크와 벨기에이다).

미국은 평점 6.89로 세계 19위이다. 초강대국의 명성에는 못 미치지만 그럭저럭 나쁘지 않은 모습이다. 하지만 평점의 내실인 표준편차가 떨어진다. 한국은 더욱 상황이 좋지 않아 5.895로 54위이고, 옆 나라 일본은 5.886으로 58위이다. 두 나라는 역대로 비슷비슷한 '삶의 질' 성적표를 받았다. 표준편차는 한국이 일본보다 약간 더 벌어진 가운데 둘 다 좋지 않은 축에 든다.

자, 간접세를 논하는데 참 멀리 돌아왔다. 표 5에는 국민이 평가한 삶의 질이 최상위인 12개국과 미국, 한국, 일본의 '표준 VAT 세율', 'GDP 대비 소비세의 규모' 그리고 '총조세 대비 소비세'의 비중이 나와 있다. 결론부터 말하면 간접세 인상을 배척할 이유는 없다는 것이다.

먼저 표준 VAT 세율을 보면, 10%인 한국의 경우 OECD 35개국 중 호주, 일본과 더불어 공동 31위로 세율이 낮다. 세 나라 아래로는 가장 낮은 캐나다(5%)와 두 번째로 낮은 스위스(8%)가 있다(OECD 회원국은 현재 37개국이다. 미국은 연방 단위의 VAT가 없는 대신 주세state tax인 판매세sales tax를 부과하고, 콜롬비아는 자료가 공개되지 않았다).

한국의 부가가치세는 10%의 단일세율이지만 유럽 국가들은 덴마크를 뺀 모두가 복수의 경감세율을 운용하고 있다. 기초 생필품이나 공익, 비영리 목적의 재화와 서비스에 대해 표준세율보다 낮게 적용하는 것이다. 한국은 경감세율이 없는 대신에 면세 범위가 OECD 중 가장 넓은 편이다. 이 중에는 사교육처럼 타당한 면세의 이유도 없이 부가가치세의 역진성만 유발하는 품목도 있다. 사교육의 부가가치세를 면세하는 것은 고령층이 다수인 저소득층의 세 부담을 줄이지는 못하면서 상위 소득층으로 갈수록 세수를 줄이며 간접세의 역진성을 심화하게 된다. 저소득층 및 노령세대와 연관이 적은 품목들은 부가세 면세 대상에서 제외하는 것이 바람직하다. 이는 실질적으

장제우의 세금수업

로 간접세를 증세하는 것이다.

삶의 질 최상위 그룹의 표준 VAT 세율을 보면 호주는 한국과 같아 세율이 낮은 나라이고, 스위스와 캐나다는 OECD 중 가장 낮은 세율을 부과한다. 반면에 덴마크, 노르웨이, 스웨덴은 25%로 세율이 가장 높은 헝가리(27%)를 제외하면 최고 세율을 부과한다. 핀란드와 아이슬란드는 24%로 이들 세 나라에 못지않고, 네덜란드와 오스트리아도 21%, 20%로 만만치 않다. 이스라엘과 뉴질랜드는 17%와 15%로 이들 일곱 나라보다는 못하지만, 만약 한국에서 이런 세율을 부과하려 한다면 당장 정권이 날아갈 수준의 VAT 세율을 운용한다.

한국 저소득층의 고통, 간접세와는 무관하다

간접세의 대표 격인 부가가치세 세율과 국민이 직접 평가한 삶의 질을 보았을 때, 단순 비교이긴 하지만 간접세를 인상한다고 해서 국민 또는 서민이 지옥에 빠지는 것은 아니다. 간접세를 올리는 것이 삶의 질을 올리는 것과 동의어는 아니지만, 간접세를 활용하여 세금의 양을 보편적으로 늘리는 일이 삶의 질을 끌어올리는 하나의 교두보가 될 수 있는 것이다.

소비세가 걷히는 양을 보여주는 GDP 대비 소비세의 규모를 보아도 동일한 양상이다. 부가가치세와 개별소비세가 소비세의 대부분을 차지하는데, 개별소비세에는 술과 담배, 유류 그리고 고가품에 붙는 세금 등이 포함된다. 한국의 소비세 규모는 GDP의 7.5%로 OECD 36개국 중 30위에 불과하다. 삶의 질 최우수 그룹 중에는 7.4의 호주와 7.7의 캐나다가 한국의 아래위로 자리하며 소비세 규모가 작은 나라이다. 스위스는 5.8%로, 4.3%의 미국을 제외하면 가장 적게 징수한다. 스위스의 바로 위에는 6.2%의 일본이 있다. 스위스, 호주, 캐나다는 소비세의 역할이 크지 않으면서 삶의 질 상위 그룹에 드는 나라이지만 미국과 일본은 그 반대이다. 특히 일본은 앞서 보았듯 역대로 한국과 나란히 저조한 삶의 질에 허덕여왔다.

삶의 질 최우수 그룹 중에서 소비세를 가장 많이 징수하는 나라는 덴마크와 핀란드이다. GDP의 14.7%와 14.4%에 상당하는 규모이다. 한국보다 거의 두 배가 큰 것이고, 2018년 GDP(구계열)를 대입하면 120조 원 넘게 차이가 난다. 이 두 나라 다음으로는 뉴질랜드와 스웨덴, 아이슬란드의 소비세가 많이 걷힌다. GDP 대비 12.6%, 12.3%, 12%의 규모이다. 금액으로 보면 한국에 비해 80~90조 원 더 소비세가 많다. 노르웨이(11.7%)와 오스트리아(11.6%) 그리고 네덜란드(11.3%)와 이스라엘(11.3%)은 한국에 비해 70조 원가량 소비세를 더 걷는다.

이들 나라는 간접세를 매우 많이 징수함으로써 '무자비

하게' 저소득층을 '수탈'하지만, 정작 저소득층이 스스로 평가하는 삶의 질은 한국보다 월등하다. 예컨대, Lim & Kim(2013)[4]은 한국의 소득 5분위별 삶의 질 평점을 OECD의 평균과 비교했다. 이에 따르면, 한국은 상위 20%도 하위 20%도 OECD 평균보다 삶의 질 평점이 낮은 나라인데, 상위 20%보다 하위 20%에서 그 차이가 두드러진다. 하위 20%에서 나타나는 평점의 차이는 상위 20% 때보다 세 배가량 높다. 이로 인해 한국의 상하위 20% 간 삶의 질 점수 차이는 OECD의 그것보다 눈에 띄게 벌어져 있다. 반면에 삶의 질 최우수 그룹은 국민이 매긴 삶에 대한 점수의 평균이 가장 높을뿐더러 그 점수들의 차이인 표준편차도 가장 작다.

이처럼 한국의 저소득층은 여타 국가들에 비해 간접세의 절대적 부담 수준이 작음에도 유난히 저조한 삶의 질을 토로하고, 어떤 나라들은 저소득층이 훨씬 큰 간접세 부담을 지면서도 한결 높은 삶의 질을 누린다. 간접세를 올린다고 해서 서민의 시름이 깊어지는 게 아닌 것이다. 저소득층과 서민을 위한다면 간접세 인상을 금기시할 게 아니라, 저소득층의 간접세 부담이 크면서도 그들의 삶을 가장 잘 개선한 국가들에서 배울 점을 찾아야 한다. 이 대목은 4장의 말미에서 더 상세히 알아볼 것이다.

선진국은 한국보다 직접세 비중이 훨씬 높다?

다시 표로 돌아가보자. 표 5의 맨 오른쪽에는 총조세에 대비한 국가별 소비세의 비중이 정렬돼 있다. 여기서 총조세는 모든 조세와 사회보험료를 더한 국민부담률을 의미한다. 사회 보험료까지 분모로 삼은 것은 그렇지 않을 경우 통계 왜곡이 심해지기 때문이다. 예를 들어 OECD 중 호주, 뉴질랜드는 사회보험료를 걷지 않는다. 덴마크의 사회보험료는 총세금에서 0.08%를 차지해 걷지 않는 것이나 마찬가지이다. 이 세 나라는 일반 세금으로 복지지출을 처리하지만 많은 나라들이 상당한 규모의 사회보험료를 복지 용도로 걷어들인다. 따라서 사회보험료를 뺀 세금의 합을 분모로 놓으면 국가 간 오차가 커지게 된다. 소비세를 분자로 삼은 것은 이것이 간접세의 대부분을 차지하는 데다 역진성 불만이 제기되는 '실질적인' 간접세이기 때문이다.

한국의 소비세는 총세금에서 26.3%를 차지하고 있다. OECD 36개국 중 27번째의 낮은 비중이다. 삶의 질 상위 그룹 가운데 호주(26%), 캐나다(23.4%), 스위스(20.8%)는 한국보다 비중이 낮다. 저조한 삶의 질의 일본(21%)도 비중은 낮다. 격차가 크고 삶의 질 점수 간의 편차가 큰 미국은 17.6%로 역진적인 소비세의 비중이 가장 작다. 호주, 스위스, 캐나다 외의

장제우의 세금수업

삶의 질 상위 그룹 9개국은 모두 한국보다 소비세의 비중이 높은데, 분포 양상은 사뭇 다르다. OECD 중 네 번째로 소비세의 비중이 높은 뉴질랜드의 38.5%부터 26위로 낮은 오스트리아의 27.5%까지 중구난방이다.

총세금 대비 소비세의 비중을 꺼낸 것은 직접세와 간접세를 비교할 때 벌어지는 혼돈을 짚어보기 위해서다. VAT 세율과 GDP 대비 소비세의 규모에서 알 수 있듯 한국은 대표 간접세인 부가가치세의 인상 여지가 충분하다. 총조세에서 소비세가 차지하는 비중을 보아도 간접세의 비중이 높아져서는 안될 절대적인 이유는 없다. 그런데 어찌 된 게 한국은 이와 상반된 '클리셰'들이 완고하다.

"선진국은 한국보다 직접세 비중이 훨씬 높다."
"한국은 직접세보다 간접세 비중이 너무 높다."
"간접세 비중을 보면 세금 부담이 과중하다."
"소득세가 작다는데 높은 간접세로 인해 실제로는 작지 않다."

이런 이야기들은 언론에서, 구전으로, 종종 학자들의 입을 통해서도 전파된다. 온갖 근거와 숫자가 동원되며 뭇사람들의 화를 돋우고 조세저항을 자극한다. 간접세에 대한 반감은 직접세인 소득세까지 전이되기에 문제가 더욱 심각하다. 하지만 그와 같은 인식에는 정말 많은 오류가 내포돼 있다. 온전히 틀린 것만은 아니고 긍정적인 면도 존재하지만, 그보다 훨씬 큰 해로움이 있다.

국제기구들의 직접세와 간접세 분류

우선 직·간접세의 비교는 국제적으로도 간단한 문제가 아니라는 점부터 짚고 가보자. 공신력이 높은 통계를 생산하는 OECD와 Eurostat(유럽통계청)부터 서로 손발이 맞지 않는다.

먼저 OECD는 직접세에 세 가지 세금이 있다고 규정한다[5](OECD 2010; OECD 2018). OECD의 조세통계 분류 번호에서 1000, 2000, 3000에 해당하는 세금이다. 1000번인 'Taxes on income, profits and capital gains'에는 소득세와 법인세가 들어 있고, 2000번 'Social security contributions'에는 직원과 고용주, 자영업자 등의 사회보험료가 들어 있다. 3000번은 'Taxes on payroll and workforce'로서 급여세를 말하는데, 사회보험료처럼 걷히지만 사회보험료와는 달리 용처가 특정 복지에 국한되지 않고 일반 세금처럼 쓰이는 세금이라고 이해하면 된다.[6] 간접세는 4000번과 5000번에 속하는 세금이다.

장제우의 세금수업

4000번인 'Taxes on property'에는 부동산 보유세, 부동산 및 증권 등의 거래세, 상속·증여세, 부유세(자산에 매기는 세금) 등이 들어 있다. 5000번은 'Taxes on goods and services'로 부가가치세나 술, 담배 등에 대한 개별소비세를 포괄한다. 이 소비세가 통상적으로 역진적인 간접세라 인식되는 세목이다.

4000번 'Taxes on property(재산 관련세)'는 2018년 기준 총세금에서 차지하는 비중이 OECD 평균 5.6%에 불과하지만, 5000번 'Taxes on goods and services(소비세)'는 총세금의 32.1%를 차지하여 재산 관련세보다 거의 6배나 비중이 높다(GDP 대비로는 각각 1.9%와 10.9%이다). 마지막으로 직접세와 간접세 어디에도 속하지 않는 기타 세금으로 6000번이 있다. 기타 세금의 OECD 평균 총세금 대비 비중은 0.4%로 미미하다. 단, 몇몇 국가는 2~3%대의 비중을 보이기도 한다. 이상을 염두에 두면, 직·간접세와 관련된 통계를 이해하는 데 상당한 도움이 될 것이다.

다음은 유럽통계청의 직·간접세 구분이다. 소득세와 법인세 그리고 보유세, 상속·증여세, 부유세 등이 직접세에 들어간다.[7] 재산 관련세 부분에서 OECD와 크게 구별된다. 사회보험료를 직접세에 포함하지 않는 것도 다른 점이다. 유럽통계청의 규정에 따르면, 사회보험료는 직접세도 아니고 간접세도 아니고 단독으로 사회보험료이다(세금이 아니라는 말은 아니다. OECD든 유럽통계청이든 사회보험료는 세금으로 규정된다). 유럽통계청도 OECD의 소비세를 간접세로 보고 있다. 하지만 재산 관련세 일체를 간접세로 보는 OECD와는 달리 재산 관련세 중 부동산 및 증권 등의 거래세만 간접세에 넣고 있다.

여기까지가 큰 틀에서 정리한 OECD와 유럽통계청의 직·간접세 분류다. 대세에 지장이 없으면서 자잘하거나 불명확한 부분은 생략했다. 한 가지만 더 보태자면, 유럽통계청이 사회보험료를 직접세도 간접세도 아닌 별도의 세금으로 보고 있지만, 회원국 간에 직접세를 비교할 때는 사회보험료를 직접세에 넣기도 한다는 점이다.[8] 이처럼 오랜 공력을 쌓은 국제기구들도 직접세와 간접세 논의에서는 표준이 될 만한 명확한 기준을 내놓지 못하고 있다. 하지만 가장 현실에 맞는 직·간접세 통계를 구하는 데 참고할 지점이 적지 않다. 이야기를 더 진행해보자.

기획재정부와 국세청이 망쳐놓은
한국의 직·간접세 통계

직접세와 간접세를 둘러싼 국제기구의 좌충우돌이 한국으로 넘어오면 그야말로 '혼돈의 도가니탕'이 된다. 수십 년 묵은 이 혼란의 시발점은 다름 아닌 정부이다. 유감스럽게도 재정과 조세의 특화 부처인 기획재정부와 국세청이 범인이다. 기재부와 국세청은 연례보고서인 『조세개요』와 『국세통계연보』를 통해 수십 년에 걸쳐 직접세와 간접세의 비중을 공개했다(2010년을 전후해 더 이상은 통계를 내놓지 않고 있다[9]). 두 기관이 통계 작성에 참고한 사례는 일본의 재무성으로, 사회보험료는 제외하고 국세와 조세(국세+지방세)에 기준하여 직접세와 간접세를 비교하는 방식이다.

여기선 열네 가지 국세 가운데 소득세, 법인세, 상속세, 증여세, 종합부동산세 등이 직접세에 들어가고 부가가치세, 개별소비세, 주세, 증권거래세, 인지세, 교통세, 관세 등은 간접세에 포함된다. 여기에 지방세의 열한 가지 세목도 각각 분류되어 '국세' 기준과 '국세+지방세' 기준의 직·간접세 비율이 계산된다(참고로 일본은 국세 기준으로만 통계가 작성되었다). 내막을 차차 보게 되겠지만, 한국의 직·간접세 통계가 현재까지도 엉망이 되고 간접세 비중이 너무 높다는 '신앙'이 사라지지 않는 데는 일본식 직·간접세 구분법을 무비판적으로 이식한 기재부와 국세청에 가장 큰 책임이 있다.

한편, 이들 기관의 보고서에는 일본 재무성이 작성한 해외 6개국(일본·미국·이탈리아·영국·독일·프랑스)의 국세 기준 직·간접세 비율이 인용되었는데, 이를 계기로 미국의 간접세 비율이 10%도 채 되지 않는다는 통계가 퍼지게 된다. 적잖은 사람들이 이 훌륭한(?) 미국의 간접세 수치를 거론하며 한국의 간접세에 강한 반감을 드러내왔다. 그런데 그것은 일본 재무성이 미국의 주(state)별로 징수되는 판매세(sales tax)를 제외함으로써 범한 오류였다.[10] 미국의 경우 지방세를 계산에 넣으면, 국세만 따질 때보다 간접세 비중이 5배가량 뛰게 되고 이것이 보다 정확한 숫자이다. 하지만 당대 한국의 엘리트들은 일본의 잘못된 자료를 곧이곧대로 국내에 전파했다.

이명박 정부가 키운 직·간접세의 혼돈과 갈등

수십여 년간 직·간접세 통계를 왜곡 재생산했던 기재부와 국세청은 이명박 정부 들어 돌연 통계 작성을 중단한다는 방침을 정하게 된다. 국세청은 2011년을 기해 『국세통계연보』에서 직·간접세 통계를 삭제했고, 기재부는 그에 앞서 『조세개요』 보고서에서 해당 통계를 없애버렸다. 당시 기재부가 내세운 직·간접세 통계의 삭제 이유는 2011년 2월 14일 자 보도자료[11]에 나와 있다(간접세 비중이 오른다는 언론 보도가 잇따르자 기재부가 내놓은 반박 보도자료였다).

기재부는 이 성명에서 "직·간접세의 비중으로는 세 부

담의 역진성을 평가할 수 없으며 OECD도 직·간접세의 구분이 부적절하다고 판단하여 통계를 발표하지 않는다"고 단언했다. 나아가 "OECD는 소비세를 높이고 소득세와 법인세는 낮출 것을 회원국에 권고하고 있으며 이에 따라 세계 각국은 소득·법인세 등 소득과세를 축소하고, 소비과세는 강화하는 추세"라고 강조하기도 했다. 하지만 이날 정부 발표는 사실관계를 호도함으로써 직접세와 간접세에 대한 혼란을 가중시키는 행태였다.

2010년 발간된 『Tax Policy Reform and Economic Growth』 보고서[12]에서 OECD는 30개 회원국의 직·간접세 비중에 대해 1980년대 중반에서 2000년대 말 사이의 장기 추이를 분석했다. 이때 직접세와 간접세의 구분은 앞에서와 동일하다. 먼저, 전체 간접세 단위(4000+5000)에서 보면 간접세가 감소한 나라가 많았고, 전체 소비세 단위(5000)에서도 감소한 나라가 많았지만, 소비세 중 부가가치세만 따로 볼 때는 증가한 나라가 많았다. 30개국 평균에서도 전체 간접세는 감소, 전체 소비세는 감소, 부가가치세는 증가하는 양상을 띠었다.

즉, OECD는 멀쩡히 직접세와 간접세를 구분하여 추이를 분석하고 있는데 한국의 정부 관료들이 'OECD는 그런 구분 자체를 하지 않는다'며 손바닥으로 하늘을 가리려 했던 것이다. 게다가 소비과세(간접세)의 강화가 각국의 추세라는 발표도 실제와 동떨어진 거짓이었다. 조세를 다루는 정부 부처의 이 같은 농간은 얼마 전까지의 입장을 '손바닥 뒤집듯' 바꾼 것이기도 했다. 예컨대, 2008년 3월 국세청이 발간한 『한눈에 보는 국세통계』[13]를 보면 직·간접세 비율에 대해 다음과 같은 입장을 표하고 있다.

> "국세를 기준으로 볼 때, 직접세와 간접세의 비율은 02년 40:60에서 06년 48:52로 직접세의 비중이 점진적으로 증가하는 추세에 있습니다. 참고로 주요 6개국(일본·미국·이탈리아·영국·독일·프랑스)의 05년 기준 직·간접세 비율을 보면, 대체로 직접세의 비중이 높은 것을 알 수 있습니다. 우리나라의 경우에도 점차 직접세 비중이 증가하고 있어 조세 역진성은 크게 개선되고 있으며, 선진국형 조세구조로 변화되고 있다는 해석을 할 수 있습니다."

보다시피 2008년 초 국세청은 한국의 직접세 비중이 높아지는 추세가 선진국의 바람직한 면모를 닮는 것이라는 입장의 보고서를 냈다(2008년 2월부터 이명박 정권의 임기가 시작되었으므로 발간 시기상 노무현 정권기에 이루어진 작업이다). 하지만 국세청은 정권 교체 후 얼마 지나지 않아 직·간접세에 대한 통계 작성을 그만두었고, 기재부는 한발 앞서 연례 보고서에 실려왔던 통계를 삭제했다. 이뿐 아니라 기재부는 OECD에서는 직·간접세 통계를 내지 않으며 소비과세를 높이는 게 세계 각국의 추세라는 허위 성명까지 발표했다. 결국, 정권이 바뀐 이후 이른바 '부자감세'로 인해 간접세 비중이 상승한다는 비판이 거세지자 관련 부처의 태도가 정반대로 뒤집혔던 것이다. 그것도 사실관계의 왜곡까지 동원된 번복이었다.

오락가락하는 국책기관들의 직·간접세 통계

호주 재무부(The Treasury)에서 발간한 자료를 보면 오래전부터 OECD 기준에 따라 직접세와 간접세를 비교하고 전체 OECD 회원국의 통계를 제시하고 있다.[14] 호주 언론에서도 동일한 기준으로 분석한다.[15] OECD의 직·간접세 구분에 허점이 없는 것은 아니지만, 일관된 기준으로 장기 추이를 보고 국제 비교를 할 수 있다는 장점이 있다. 특히 사회보험료를 직접세에 넣어 전체 조세에 포함하는 것은 직·간접세 비율의 오차를 줄이고 국가 간 비교의 정확도를 높여준다. 그러나 한국의 기획재정부와 국세청은 일본 재무성의 지엽적인 방식을 모방하고 일본이 제시한 몇 나라의 국가 간 비교를 그대로 가져오는 데 그쳤었다. 급기야 이명박 정권에 들어서는 "정부는 직·간접세 통계를 내지 않는다"고 외치기에 이르렀다.

기재부와 국세청이 손을 놓았다고 해서 다른 정부기관이나 언론까지 그런 것은 아니었다. 이들 역시 직·간접세에 대해 저마다의 분석을 제시해왔다. 하지만 세간의 혼란을 수습하기보다는 '보고서를 위한 보고서', '갈피를 못 잡고 서로 충돌하는 숫자 던지기'에 그치고 있다. 예를 들어 조세재정연구원과 국회예산정책처의 보고서들에 나온 직·간접세의 비교는 기존 기재부의 그것과 상충할 뿐 아니라, 동일 출처의 자료끼리도 내용이 부딪치고 OECD의 분석과도 어긋난다.

조세재정연구원이 작성한 2017년 보고서 『OECD 회원국의 조세통계로 본 국제동향』[16]에는 한국을 비롯한 OECD 35개국의 1980년대 이후 직·간접세 비중이 계산돼 있다. 당 보고서는 과거 기재부의 방식대로 사회보험료를 세금에서 제외하고 국세에 대비한 직·간접세 비율과 국세+지방세에 대비한 비율을 구하되, 직접세와 간접세의 구성 요소에 기재부 방식과 차이를 두었다. 그 결과 기존의 흐름과 달라진 수치가 나왔다. 기존 기재부의 방식에서는 국세 기준의 간접세 비중이 국세+지방세의 그것보다 상시 높게 나왔지만, 조세연의 보고서에서는 불규칙하게 나타났다.

이와 같은 통계 작업이 아무런 의미가 없지는 않을 것이다. 새로운 시각으로 접근한 통계는 그 나름의 가치가 있다. 하

장제우의 세금수업

지만 국내의 자의적인 기준에 따른 국제통계를 국책기관이 파편적으로 내놓는 것은 바람직한 일이 아니다. 사회보험료를 배제함으로써 보편성 있는 국제 비교를 할 수도 없거니와 그렇다고 기재부의 기존 방식을 이어간 것도 아니어서 국내의 장기 추이를 볼 수도 없다. 언론 등에서 숱하게 언급되는 직접세나 간접세 관련 통계들은 모아놓고 보면 저마다 제각각이어서 난장판이 따로 없다. 국책기관이 생산하는 조세 통계는 이런 혼란을 잡아주는 역할을 해야 한다. 조세연의 작업처럼 단편적이고 국제기준에 어긋나는 통계는 혼란을 더하게 될 뿐이다.

국회예산정책처의 2018년 보고서 『한국 조세제도의 발전 과정과 현황』[17]에 실려 있는 직접세와 간접세의 비교도 '나쁜 통계'의 좋은 예시다. 같은 기관의 또 다른 보고서 『2019 경제·재정 수첩』[18]과 같이 보면 적잖이 가관이다. 정책처는 2018년 보고서에서 조세연의 그것과 같이 사회보험료를 세금에서 배제하는 가운데, 교육세와 농어촌특별세를 직접세도 간접세도 아닌 기타 세목에 집어넣고 교통에너지환경세는 직접세로 분류했다. 그런데 2019년 보고서에서는 사회보험료를 빼는 것은 마찬가지였지만, 다른 세 가지 세목을 2018년과는 달리 모두 간접세에 집어넣었다. 정책처의 두 보고서가 직접세와 간접세의 규정부터 서로 다르게 한 것이다.

기실, 교육세나 농특세는 직·간접세의 구분이 난해한 세목이다. 소득과세 부분과 소비과세 부분이 혼합돼 있기 때문이다. 교육세는 소비과세의 지분이 많고 농특세는 대략 반반이다. 이런 세목들은 '소비과세 부분을 간접세로 계산한다는 전제하에 간접세로 구분한다'는 단서를 다는 것이 적절하다(복잡한 부과 체계를 단순화하는 것이 더욱 좋다). 한편, 교통·에너지환경세는 휘발유나 경유 등 유류를 소비할 때 부과되므로 간접세에 해당한다.

이런 세부 사항보다 진짜 중요한 문제는 하나의 국책기관에서 실상 같은 시기에 상반된 사실관계를 보고서로 낸다는 점이다. 어떤 세목을 무엇으로 규정하느냐는 기초 사실관계의 영역이고 정부기관들의 규정이 왔다 갔다 해서는 당연히 안 된다. 국책기관들이 직·간접세 통계를 작성할 때 국제기준을 따르지 않는 것이야 관성을 따르느라 그럴 수 있다손 치더라도, 아무런 준거도 없이 통계를 뒤죽박죽으로 내는 것은 이해하기 어렵다. 게다가 정책처가 내놓은 직·간접세 비중에 대한 숫자들은 기존의 정부 자료와 맞지도 않는다.

직접세와 간접세에 대한 통계는 역진성의 문제가 걸려 있기에 본디 예민한 사안이다. 조세저항이 심한 한국에서는 더더욱 그러하다. 이런 사안일수록 기초 사실관계의 정립이 중요하다. 국가에서 공식적으로 발표하는 조세 통계가 중심을 잡고, 대중이 이를 신뢰하는 가운데 다른 시각에서 접근해 본 자료들이 보충을 하는 체계가 바람직하다. 하지만 한국은 기재부와 국세청이 허술한 직·간접세 통계를 내던 것도 모자라 그마저도 아예 손을 떼버렸다. 그것도 엉터리 이유를 대며 손을 놓은 것이었고, 바뀐 정권의 비위나 맞추려는 게 아니었는지 의문만 생기는 행태였다.

이처럼 정부기관들이 앞장서서 각자 손 가는 대로 엉뚱한 조세 통계를 발표하고, 정권이 바뀌었다고 통계를 삭제하고, 통계에 대한 정부 부처의 해석이 돌변하고, 국제적 사실관계까지 호도하는 사정이니, 직접세와 간접세를 둘러싼 국내의 혼란과 불만이 수습될 리가 없다. 간접세 및 소득세의 보편 증세에 대한 대중적 불만이 쉽사리 누그러지지 않는 데는 정부기관들의 무책임한 통계 작업도 단단히 한몫을 하고 있다.

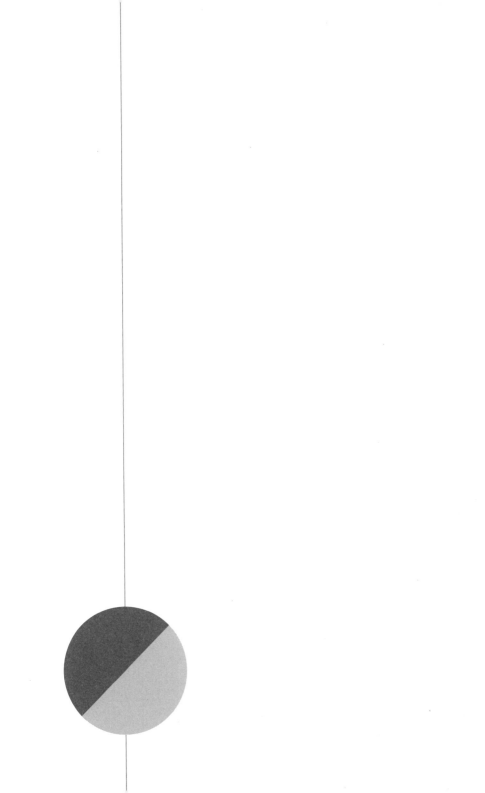

chapter _____ 4

간접세가 높다는　　　신화를 비판하다

《한국경제신문》은 2017년 8월 18일 자 기사[1]에서 조세재정연구원에 의뢰하여 자료를 받았다는 출처를 달고 'OECD 국가의 직접세 및 간접세 비중'을 보도했다(한국의 언론사들이 그렇듯 자료 원문은 제공되지 않았다). 기사에 따르면 2015년 기준 전체 세수에서 직접세가 차지하는 비중이 한국의 경우 57.3%이고 OECD 35개국 평균은 그보다 낮은 51.6%였다. 자연스레 간접세의 비중은 한국이 42.7%, OECD 평균이 48.4%로 한국이 더 낮게 나왔다. 기사가 제시한 15개국의 간접세 비중은 핀란드 68.6%, 터키 64.3%, 헝가리 63%, 독일 57.7%, 칠레 57.2%, 프랑스 52.9%, 영국 43.4%, 한국 42.7%, 일본 41.5%, 아일랜드 39.4%, 벨기에 38.8%, 노르웨이 35.6%, 호주 27.4%, 캐나다 21%, 미국 6.9% 순이다.

구태여 이 숫자들을 적시한 것은 언론과 학자 등 민간 영역에서 확대 재생산되는 직접세와 간접세의 '난장'을 짚어보기 위해서다. 앞서 정부기관들이 얼마나 대책 없이 직·간접세 통계를 만들고 오용해왔는지 살펴보았는데, 민간에서도 만만치 않다. 정부의 잘못도 잘못이지만, 괴담이나 다름없는 조세통계들이 언론을 통해 마구잡이로 유포되는 문제도 심각하다.

《한국경제신문》이 조세재정연구원에 의뢰해 받았다는 직·간접세 통계의 맹점을 잘 알려주는 것은 다름 아닌, 기사와 같은 해에 발간된 조세재정연구원의 보고서이다. 제목은 『OECD 회원국의 조세통계로 본 국제동향』이고 앞서 거론했던 보고서와 같다.

조세연의 보고서는 직·간접세 비중을 구할 때 사회보험료는 배제하고 '국세' 기준과 '국세+지방세' 기준의 두 가지 수치를 계산했다. 《한국경제신문》은 '전체 세수'에 대비한 직·간접세의 비중이라고 언급했지만, 조세연의 보고서와 대조해보면 '국세'에 대비한 비중이다. 기사와 보고서의 2015년 기준 수치들은 대체로 비슷하다. 비록 단 한 나라도 일치하는 수치는 없지만 대체로 2%p 내외의 작은 차이다. 국제 통계에서 이 정도는 양해되는 수준이다. 하지만 같은 해 기준이고, 통계를 생산한 연구원도 같고, 보고서의 발간 연도와 신문이 연구원에 의뢰한 연도도 같은데 단 하나의 수치도 일치하지 않는 건 다소 의문이다. 보고서와 기사에서 노르웨이의 간접세 비중은 무려 14.9%p나 차이가 나고 독일은 7%p, 헝가리와 핀란드는 5.6%p와 5.3%p의 비교적 큰 오차가 있지만 이런 건 사소한 결점이다. 진짜 문제는 애초에 저런 식의 직·간접세 통계를 '쓰면 안 된다'는 것이다.

난장판을 만드는 데 민·관이 따로 없다

기사에 나온 15개국 중 간접세 비중이 가장 높은 나라는 68.6%의 핀란드이다. 얼핏 봐도 굉장히 높게 느껴진다. 하지만 '국세' 기준이 아니라 조세연 보고서의 '국세+지방세' 기준이면 46.9%로 대폭 떨어진다(곧 설명하겠지만 이것도 과장된 수치이다). 핀란드의 간접세 비중이 '국세+지방세'를 분모로 할 때 대폭 내려간다면 반대로 미국은 대폭 올라간다. 기사에서 미국의 간접세 비중은 6.9%에 불과하지만, 조세연 보고서에서 '국세+지방세'가 분모일 땐 ('국세' 기준의 4.7%에서) 22%로 상승한다. 기사에 언급된 국가는 아니지만, 스웨덴의 간접세 비중도 '분모 세금'이 무엇이냐에 따라 무려 27.9%p의 차이가 난다. 스위스도 22.1%p로 오차가 심각하다. 조세연 보고서에서 전체 OECD 회원국의 '분모 세금'에 따른 오차를 보면 20%p 이상의 오차가 2개국, 20~10%p의 오차가 6개국, 10~5%p의 오차가 10개국에 달한다.

이처럼 '국세'에 대비한 간접세 비중을 '국세+지방세'에 대비한 비중과 비교해보면 각국의 조세 체계에 따라 다대한 오차를 내포하게 된다. 최소한 '국세' 기준의 직·간접세 통계는 아예 쓰지 말아야 하는 것이다. 지방정부에서 걷히는 직접세나 간접세가 응당 있게 마련인데 국세로만 한정해 직·간접세의 비중을 따진다는 건 처음부터 어불성설이다(그런데 한국 정부의 관료들은 일본을 모방하여 이런 일을 수십 년간 해왔고, 언론이나 학자 등 민간의 엘리트들도 이를 비판하기는커녕 덩달아 '간접세가 많네, 적네'를 따져왔다).

'국세+지방세'에 대비한 직·간접세의 비중도 잘못된 통계이긴 매한가지이다. 사회보험료를 배제할 경우 분모가 되는 총세금에 원천적인 오류가 발생하기 때문이다. 앞서 설명한 바 있지만, 호주와 뉴질랜드는 사회보험료를 징수하지 않고 있고 덴마크도 없다고 봐야 한다. 다른 OECD 국가들은 복지 용도의 사회보험료를 징수하지만 이 세 나라는 일반 세금으로 복지를 비롯한 각종 세출을 처리한다. 사회보험료를 걷는 나라들도 그 규모는 각기 다르다. 이로 인해 세금을 합산할 때 사회보험료를 빠뜨리면 커다란 착시가 발생한다. OECD는 사회보험료를 직접세로 규정하여 직·간접세 비중을 구하고 있고, EU의 경우 직접세로 규정하지는 않았지만 회원국 간에 직·간접세를 비교할 때 사회보험료를 직접세에 넣고 있다.

《한국경제신문》은 핀란드의 2015년 간접세 비중이 68.6%이며, 핀란드는 직접세보다 간접세가 훨씬 큰 나라라고 지목했다. 그러나 국세만 분모로 삼은 《한국경제신문》과는 달리 지방세를 포함하여 분모를 잡으면 간접세 비중은 40% 중반으로 떨어지게 된다. 여기에 사회보험료까지 계산에 넣으면 핀란드의 2015년 간접세 비중은 33.2%로 내려간다. 68.6%라던 간접세 비중이 33.2%로 수직 하강하는 것이다. 결국, 핀란드의 간접세가 직접세보다 훨씬 크다고 보도한 기사는 현실과 정반대의 오보였다(여기서 간접세는 《한국경제신문》과 거의 같게 OECD의 전체 소비세와 부동산 및 증권 등의 거래세를 더한 것이다).

핀란드뿐 아니라 독일과 프랑스의 간접세 비중도 기사에서보다 대폭 내려간다. 기사는 독일의 간접세 비중이 57.7%, 프랑스는 52.9%라고 적시했다. 하지만 지방세와 사회보험료가 포함되면 28.8%와 24.4%에 그치게 된다. 한편, 간접세 비중이 작은 나라로 꼽혔던 아일랜드는 39.4%의 간접세 비중이 35.1%로 내려가는 데 그치면서, 독일이나 프랑스보다 간접세 비중이 높아지게 된다.

제멋대로 통계를 이용하는 행태,
어디까지 용인할 수 있는가

《한국경제신문》의 기사에 나온 직·간접세 비중처럼 국내의 자의적인 기준으로 도출된 조세 통계는 현실을 심각하게 왜곡할 뿐 아니라 직·간접세에 대한 대중의 인식을 혼란에 빠뜨리게 된다. 더 큰 문제는 이것이 비단 이 언론사에만 국한된 문제가 아니라는 점이다. 언론과 전문가 등이 벌이는 '제멋대로 통계 쓰기' 사례를 모아보면 헛웃음이 절로 난다. 아래에 인용된 네 개의 문구는 그 대표적인 예시이다. 화자와 시간을 달리하며 마치 전래 동화처럼 내려오는 낭설인데, 똑같이 틀린 직·간접세 통계를 제시하고 있다.

- 2017년[2] "OECD 평균 간접세 비율이 20% 수준이고 미국의 경우는 10%다. 한국은 이미 이명박 정부 시절 간접세 비중이 53%에 육박했다."
- 2013년[3] "우리나라의 간접세 비중은 2010년 52%에 달해 미국(10% 내외)이나 OECD 국가 평균(20% 내외)에 비해 상당히 높다."
- 2012년[4] "납세자연맹에 따르면 국세 세목 기준으로 집계한 간접세 비중이 2010년 기준으로 53.1%에 이른다. 미

국은 10% 내외, OECD 평균은 20% 내외다."

- 2011년[5] "우리나라 총 국세에서 간접세가 차지하는 비율은 다른 선진국에 비해 상당히 높은 편이다. 2010년 총 국세에서 간접세가 차지하는 비중은 52.1%로, OECD 평균인 20%대의 2배 이상인 것으로 알려졌다. 미국은 간접세의 비율이 10% 내외이다."

첫 번째는 공공서비스노동조합총연맹이 2017년 8월에 내놓은 성명 중 한 토막이다. 두 번째는 박원구 고려대기술경영대학원 교수의 2013년 《매일경제신문》 기고문이고, 세 번째와 네 번째는 각각 《미디어오늘》 이정환 기자와 《조선일보》 양승식 기자의 2012년과 2011년 기사이다. 'OECD 평균 20% 내외, 미국 10% 내외'라는 간접세 비중이 참 꾸준히 애용되고 있다. 미국의 엉터리 수치야 기재부와 국세청에서 퍼뜨린 것이니 이해한다 쳐도, OECD 평균 간접세 비중이 20%라는 것은 터무니없는 수치인 데다 정체도 불명이지만 많은 사랑을 받아왔다. 어떤 기준의 통계로도 20%는 나올 수가 없고 떠도는 숫자들도 39%가 최저인데, 대체 어디서 저런 유언비어가 시작됐는지 모를 일이다.

이정환 기자와 양승식 기자의 경우 '국세 기준'을 언급하며 직·간접세를 비교하는 치명적인 오류를 범하고 있다. 하지만 사실 이들의 잘못은 아니다. '국세' 기준의 직·간접세 비교는 기획재정부와 국세청이 과거 수십 년 동안 저질렀던 실책이다. 정부가 원흉이고, 그 과실을 방치한 관련 분야 학자들의 책임도 크다. 한편, 2014년에 발행된 도서『경제 선생님, 스크린에 풍덩!』[6]에는《조선일보》의 잘못된 통계 기사를 거의 그대로 인용한 듯한 구절이 있다.

> "2010년 총 국세에서 간접세가 차지하는 비중은 52.1퍼센트로, OECD(경제협력개발기구) 평균인 약 20퍼센트를 두 배 이상 웃도는 것으로 알려졌다."

《조선일보》의 오보와 거의 똑같다. 이 책은 6명의 학교 교사들이 공저한 책으로 전국사회과교과연구회가 감수를 맡았다고 되어 있다. 이 연구회에 대한 소개를 보면 초·중·고교 교사들의 자발적인 연구 모임이고, 그동안 연구회를 통해 발간된 책도 여럿이다. 교육의 내실을 다지려 하는 뜻있는 선생님들이다. 그래서인지 허위 통계를 검증 없이 전달하는 모습에 다소 쓸쓸함이 느껴진다.

다음 이야기를 하기 전에 기획재정부의 오만을 짚을 필요가 있다. 앞서 언급한 박원구 교수의 '2013년 5월《매일경제신문》기고문에 대해 당시 기재부는 보도자료[7]를 내 반박했다.

"박 교수가 기고문에서 한국의 간접세 비중이 미국이나 OECD 보다 높다고 하였으나, 정작 OECD에서는 모든 세금은 세 부담의 전가가 발생한다는 점을 고려하여 직·간접세 통계를 작성하지 않는다"는 게 그 요지이다. 이는 2011년 2월의 보도자료와 동일한 입장이다. 2011년의 보도문을 비판할 때도 지적했듯이 기재부의 허언과는 달리 OECD는 직·간접세 통계를 발표하고 있다.

기재부의 이런 대응이 특히 뻔뻔하고 괘씸한 것은 그들이 분명 접해봤을 법한 경제 분야 OECD 보고서 『Economic Policy Reforms 2013: Going for Growth』[8]가 '2013년 2월'에 발행되었고, 이 보고서에는 직접세의 종류와 그 비중을 보여주는 'Share of direct taxes'가 수록돼 있기 때문이다. 직접세의 비중을 역산하면 간접세의 비중도 알 수 있고, OECD의 조세 분류 체계로부터 직접세 이외의 세금, 즉 간접세도 알 수 있다 (참고로 직접세 비중에서 간접세를 역산할 때는 직접세에도 간접세에도 들지 않는 기타 세금을 고려해야 한다). 기재부가 벌인 2013년의 촌극은 정확히 2년 전의 데자뷰이다. 기재부는 2011년 2월 보도자료에서 'OECD는 직접세와 간접세를 구분조차 하지 않는다'고 공언했지만, 정작 OECD는 그보다 3개월 전에 발행한 보고서 『Tax Policy Reform and Economic Growth』를 통해 직접세와 간접세의 종류를 모두 명기하고 그 장기 추이에 대한 분석을 내놓은 바 있다.

기획'재정'부가 경제 및 세금 등을 전문적으로 다루는 정부 최고의 엘리트 부처라곤 하나 소속 인원들이 모든 것을 다 알 수는 없을 것이다. 미처 보지 못하는 OECD의 경제와 세금에 대한 자료들도 있을 것이다. 이는 누구에게나 마찬가지이고 누구라도 실수할 수 있다. 기재부가 과거 자신들의 부끄러운 '흑역사'를 이제라도 깨닫는다면, 그 자성의 의미로 대중이 알기 쉽고 현실에 충실한 조세 통계를 공표하는 데 협조하기 바란다.

한국의 간접세 비중이 부풀려지는 원리

이번에는 OECD 기준 직·간접세 통계의 허점에 대해 알아보고, 이를 통해 한국의 간접세가 부풀려지는 원리에 대해 설명하고자 한다. 시간이 좀 지난 기사이지만 《미디어오늘》 이정환 기자의 2010년 기사[9]가 이해를 돕는 데 적절하니 가져와본다. 이 기자는 해당 기사에서 "우리나라의 간접세 비중은 OECD 회원국 가운데 3위다. 멕시코와 터키 다음으로 높다."고 지적했다. 한국의 간접세 비중이 OEDC 최고 수준이라는 이야기인데, 이 기자는 그 근거로 세로 막대그래프를 하나 제시했다. 그래프에는 OECD 30개국이 Direct taxation 및 Indirect taxation의 비율 순으로 정렬돼 있고, 한국의 Indirect taxation은 약 50%로 멕시코와 터키 다음으로 높게 나왔다. 한데 이 도표에는 Direct taxation이 무엇이고 Indirect taxation은 무엇인지 아무런 설명이 없었다. 기준 연도나 출처 역시 나와 있지 않은 자료였다(아마도 도표에 대한 별다른 주석이 없던 것으로 보아 상세 정보를 알지 못하고 어딘가에서 '퍼온' 자료였다고 생각된다).

기사에 나온 도표의 출처는 호주 재무부의 2008년도 보고서 『Architecture of Australia's tax and transfer system』[10]이다. 실제 보고서를 살펴보면 도표의 기초 정보나 직접세와 간접세에 대한 설명이 나와 있다. 기준 연도는 2005년이고 원자료는 OECD의 조세 보고서 『Revenue Statistics 2007』이다. 직접세와 간접세의 구분은 앞서 설명했던 것과 동일하다. OECD의 조세 분류 가운데 1000, 2000, 3000번이 직접세이고 간접세는 4000번과 5000번에 해당한다.

호주 재무부나 OECD 방식의 직·간접세 비교에서 주의해야 할 지점은 5000번 소비세뿐 아니라 4000번 재산 관련세(Taxes on property)까지 모두 간접세에 속한다는 것이다. 재산 관련세에는 부동산 보유세, 부동산 및 증권 등의 거래세, 상속증여세, 자산에 대한 부유세 등이 포함돼 있다. 부가가치세라

장제우의 세금수업

든지 술과 담배, 유류 등에 붙는 개별소비세와는 성격이 다른 세금들이다. 유럽통계청의 경우 거래세는 간접세로 분류하고 나머지 재산 관련세는 직접세로 분류하여 OECD와 차이가 있다. 한국에서도 거래세는 전통적으로 간접세로 보고 그 외의 재산 관련세는 직접세로 구분해왔다. 문제는 재산 관련세에 포함된 세금들이 간접세에 들어갈 때, 특히 한국의 경우 백해무익한 시비가 불거진다는 점이다. 이는 재산 관련세 중 거래세만 간접세에 포함될 때도 마찬가지다.

《미디어오늘》의 이정환 기자가 한국의 간접세 비중이 멕시코와 터키 다음으로 높은 OECD 3위라고 보도한 것은 소비세와 재산 관련세를 구별하지 않을 때 생기는 오류를 잘 보여주는 사례이다. 앞서 말했듯 기사에 제시된 직·간접세의 비교는 소비세뿐 아니라 재산 관련세 일체를 간접세에 넣은 것이다. 이 기준으로 간접세 비중을 따지게 되면 역진적인 성격으로 논란을 빚는 '실질적인 간접세'의 비중을 나라에 따라 과장하거나 축소하는 경우가 발생한다.

《미디어오늘》의 기사는 2010년도에 작성된 것이고, 기사에 나온 직·간접세 도표의 출처인 호주 재무부의 2008년 보고서에는 도표의 기준 연도가 2005년으로 되어 있다. 2005년 '실질적인 간접세'인 소비세의 총세금 대비 비중에서 한국은 OECD 36개국 중 16번째에 자리했다. (재산 관련세를 포함시킨)

간접세 비중이 3번째로 높다는 지적과 현저한 차이가 있다. 기사의 도표에서와 같이 (회원국의 가입 연도를 고려하여) 30개국을 기준으로 하면 '실질적인 간접세'인 소비세의 비중이 10번째로 높게 나온다. 낮은 순위는 아니지만 3위와는 느낌이 전혀 다르다. 기사의 작성 연도인 2010년 즈음을 보면 2008년에서 2010년까지 한국 소비세의 비중은 36개국 중 18, 19, 17번째로 높게 나온다. 반면에 소비세와 재산 관련세의 합에서는 6, 4, 6번째로 간접세의 비중이 뛰어오른다. 결국, 《미디어오늘》 이정환 기자의 경우처럼 소비세뿐 아니라 재산 관련세를 통째로 간접세에 넣게 되면 한국의 간접세 비중이 크게 과장되는 것이다.

재산 관련세의 상세를 구별하여, 거래세만 간접세에 넣더라도 한국의 간접세 비중은 똑같이 부풀려진다. 부동산 거래 시에 취득세를 내거나 혹은 주식을 거래할 때 증권거래세를 납부하면 불만이야 생길 수 있겠지만, '역진적인 간접세 비중이 높아 서민이 죽는다'는 식의 성토를 하지는 않는다. 부동산 및 증권 등에 대한 거래세는 일반의 간접세 불만에 해당되는 세금이 아니다. 그런데 한국은 이 거래세의 총세금 대비 비중과 GDP 대비 규모가 예나 지금이나 높은 나라다. 그것도 매우 특출하게 높은 나라다. 한국의 간접세 비중에는 이로부터 유달리 큰 허수가 끼어든다.

OECD는 한국의 거래세 통계를 1972년부터 제공하고 있다. 거래세가 총세금에서 차지하는 비중을 보면 1979년부터 2018년까지 모조리 한국이 1등이다(이 기간 한국의 거래세 비중 평균은 7.2%이고 2018년은 7.1%이다). GDP 대비 거래세의 비중도 1989년부터 2018년까지, 1998년을 빼고는 전부 한국이 1등이다(이 기간 평균은 1.8%이고 2018년은 2%이다). 2005년 한국의 소비세는 총세금에서 34.3%를 차지하며 36개국 중 16번째로 높게 나왔다. 반면에 소비세+거래세의 비중은 42.8%로 6번째에 자리했다. '간접세 아닌 간접세' 거래세로 인해 간접세 비중이 중간 정도에서 최고 수준으로 오른 것이다. 2018년 한국의 소비세 비중은 26.3%로 36개국 중 27번째에 그친다. 역진성은 바로 이 소비세의 이슈이므로 한국은 현재 역진적인 간접세의 비중이 높은 나라가 아니라, 오히려 꽤 낮은 편에 속한다. 하지만 거래세를 간접세에 넣고 나면 간접세 비중이 33.4%가 되어 열한 계단 순위가 상승한다. 남다른 거래세로 인해 36개국 중 27번째의, 간접세 비중이 낮은 나라였다가 16번째의 높지도 낮지도 않은 나라로 변하게 된 셈이다.

거래세가 일으키는 착시는 간접세뿐 아니라 직접세에서도 발생한다. OECD 기준 한국의 직접세 비중은 2018년 59.8%로 36개국 중 25번째에 자리했다. 소비세의 비중이 27번째로, 간접세 비중이 낮은 나라인데 직접세의 비중까지 낮은 것이다. 이러한 이상 현상은 OECD의 직접세 구분 및 한국의 유별난 거래세와 보유세 간의 불균형에서 비롯된다. OECD는 직접세의 종류를 소득세, 법인세, 사회보험료, 급여세(사회보험료 형식으로 징수되지만 일반 세금처럼 쓰이는 세금)로 규정한다. 이 기준으로는 한국의 직접세 비중이 낮게 나온다. 여기에 한국이나 유럽통계청 방식으로 거래세를 제외한 재산 관련세를 직접세에 포함하게 되면, 2018년 한국의 직접세 비중은 64.4%로 36개국 중 23번째에 위치한다. 방금 전보다 두 계단 올랐지만 여전히 직접세 비중이 낮은 편이다. 이것은 한국의 거래세와 보유세가 크게 역전돼 있기 때문이다.

2018년 기준 한국의 거래세+보유세가 총세금에서 차지하는 비중은 10.2%, GDP 대비 규모는 2.9%로 둘 다 5위에 자리했다. 부동산 및 증권 등의 거래세는 총세금에서 7.1%를 차지했고, GDP 대비로는 2%를 기록했다. 둘 다 OECD 1등이다. 보유세는 총세금 대비 3.1%, GDP 대비 0.9%로 14번째와 17번째에 위치했다. 이처럼 한국은 거래세가 보유세보다 많이 걷히는 나라인데, 한국과 같은 유형은 전부 7개국이 있다. 한데 한국처럼 차이가 크게 나는 경우는 없다. 만약 한국의 보유세와 거래세가 다시 역전되어 거래세가 보유세만큼, 보유세가 거래세만큼 걷힌다면 한국의 직접세 비중은 높은 편으로 변화한다. 조금 전 직접세 비중이 64.4%로 36개국 중 23번째였는데, 거래세와 보유세가 역전된다면 직접세 비중이 68.4%, 14번째

장제우의 세금수업

에 위치하여 신분 상승(?)을 하는 것이다. 이때는 거래세를 간접세에 넣더라도 간접세 비중이 낮은 국가에 해당한다(전체 거래세에서 부동산 거래세가 차지하는 비중이 얼마인지 집계가 이뤄진 적은 없으나, 증권거래세 등의 요소를 감안해도 한국의 부동산 거래세가 유달리 많다는 점은 변함이 없다).

간접세 비중이 높다는 '미신'의 기원

한국은 과거 군사정부 시절 역진적인 간접세의 비중이 정말로 높은 나라였다. 1972년부터 1988년까지 총세금 대비 소비세 비중의 평균이 무려 60%에 달했다. 근래의 두 배를 훌쩍 넘는 비중이고 OECD 국가들과 역사적으로 비교해도 압도적으로 높은 수치이다. 아이슬란드의 1970~1980년대, 칠레의 1990년대에서 2000년대 중반의 시기에서만 한국의 과거처럼 극단적으로 높은 간접세 비중이 나타난다. 칠레는 현재도 소비세 비중이 50% 안팎에 달해 OECD 중 '실질적인 간접세'의 비중이 최대인 나라이다. 하지만 아이슬란드와 한국은 그렇지 않다. 2018년 아이슬란드의 소비세 비중은 32.6%로 36개국 중 17번째, 한국은 그보다 낮은 27번째에 자리한다.

한국의 소비세 비중은 1988년을 기해 급격한 내림세를 타기 시작했는데, 사실 꽤 오래전부터 한국은 간접세 비중이 높은 나라가 아니다. 이명박 정부 시기 소비세 비중의 평균은 31.9%, 박근혜 정부 4년은 29.2%, 2017~18년은 27%에 그치고 있다. 노무현 정부 임기 첫해에 37%, OECD 36개국 중 12번째로 높았던 소비세의 비중이 임기 마지막 해에는 31.3%, 18번째로 내려갔고 현재까지도 이 흐름이 이어지는 중이다.

한국은 이제 명백하게 간접세의 비중이 국제적으로 낮은 나라이다. 그럼에도 여타보다 간접세 비중이 너무 높다는 '미신'이 광범위하게 퍼져 있다. 수십 년 전의 사실이 현재까지도 사실인 양 둔갑되는 일이 비일비재하다. 가장 큰 원인은 낙후된 일본식 조세 분류 관행과 그 유산을 청산하지 못했기 때문이다. 사회보험료를 세금에서 배제한다거나 지방세를 뺀 국세 기준으로 직·간접세를 비교하는 등 과거 기재부와 국세청이 들여온 일본식 직·간접세 구분법이 현재까지도 악영향을 끼치고 있다. 이에 더해, 소비세처럼 실질적인 간접세와 재산 관련 세의 거래세처럼 역진성과 무관한 간접세가 같은 간접세로 뒤섞인 것도 간접세 미신이 전승되는 주요한 원인이다.

직·간접세를 둘러싼 통계 괴담들은 지난 시간 수북이 쌓여왔다. 틀린 통계가 나오는 원인은 같지만 그 형태는 다양하기에 그에 맞춘 분해와 비판이 필요하다. 아쉽지만 왜곡된 직·간접세 통계들을 여기에서 일일이 거론할 수는 없다. 독자 여

장제우의 세금수업

러분께서 이 책 덕분에 조세 통계에 대한 이해력이 높아지고 앞으로는 통계의 허와 실이 눈에 잘 보였으면 하는 바람이다.

'문제 많은' 간접세가 서민을 이롭게 하는 방법

길었던 간접세 이야기의 마무리를 지어보자. 간접세 인상을 저어하는 한 축은 역진성이고 다른 한 축은 물가 상승이다. 약간 다른 얘기 같지만, JTBC의 인기 프로그램이었던 '비정상회담'[11]에서 이에 대한 생생한 해답이 이미 나온 바 있다. 사연은 이러하다. 독일 출연자 다니엘은 노르웨이로 여행을 갔다가 독일보다 비싼 물가에 부정적인 생각을 갖게 됐다고 한다. 노르웨이 출연자 니콜라이는 노르웨이의 물가가 비싸긴 비싸다고 했다. 그러면서 하는 말이 "간접세가 25%예요. (방송 자막: 노르웨이의 기본 간접세는 25%, 식품 간접세는 15%) 세금이 있어서 물가가 비싼데 그 세금으로 다시 복지제도를 유지하고 있어요."였다.

노르웨이의 표준 VAT 세율은 25%이다. 독일은 19%이고 한국은 10%이다. 조금은 유치한 비교이겠지만, 이것만 봐서는 저소득층이 가장 살기 좋은 나라는 한국, 다음이 독일, 그다음이 노르웨이여야 한다. 한데 현실은 정반대다. 역진적인 간접세가 많이 걷히고 물가가 치솟으면 서민의 살림살이가 팍팍해져야 할 것 같은데, 정반대의 역설이 벌어지는 것이다. 니콜라이는 그 이유가 복지제도 때문이라고 했다. 높은 간접세, 높은 물가, 우수한 복지, 높은 삶의 질의 순환이다. 이 간접세 역설의 순환은 여러 연구자들이 지적해온 바이기도 하다. 윤홍식 교수도 그중 한 명이다. 그의 말을 들어보자.[12]

"비록 역진적 세금을 통해 재원을 확대해도 정부지출이 불평등을 완화하기 위해 쓰인다면 세금의 역진성이 곧 현실에서 불평등을 확대하는 것은 아니다. 스웨덴은 역진적 세금을 통해 사회적 평등을 확대한 대표적 사례라고 할 수 있다 (Lindert, 2006; Akaishi and Steinmo, 2006; Kato, 2003; Lindert, 2004). 실제로 사민당은 좌파의 소비세 인상 반대에 직면했을 때마다, 보편적 복지급여의 확대를 통해 소비세의 부정적 효과를 상쇄했고… 또한 역진적 세금은 저소득층에 대한 감면조치와 지원확대로 완화되었다. 소비세를 도입하거나 인상할 때 사민당 정부는 저소득층을 위한 특별 복지프로그램을 확대하거나(Akaishi and Steinmo, 2006: 352), 음식과 같은 생필품에 대한 소비세를 50% 인하함으로써(김욱, 2007: 136) 소비세의 역진성을 완화했다… 누진세와 역진세 논란에서 중요한 사실은 보편주의 복지국가에

장제우의 세금수업

조응하는 조세가 역진적이어야 하느냐, 누진적이어야 하느냐와 같은 이분법적 선택의 문제가 아니다. 핵심은 어떻게 한 나라의 세금의 크기를 늘릴 것인가와 그 세금을 어디에 쓸 것인가에 달려 있는 것이다."

중요한 건 간접세가 아니라 그 세금을 통한 복지정책이다. 윤 교수는 보편적 복지급여의 확대와 저소득층을 위한 특별 복지프로그램이 간접세의 긍정적 기능을 이끌어낸다고 강조한다. 소득분위별 현금복지의 비중에 대한 통계를 통해 부분적으로 이를 확인할 수 있다.

표 6. 노동연령층 현금복지의 계층별 배분과 삶의 질

삶의 질 평점 (10점 만점)		평점에 대한 표준편차		(a) 하위 40% 노동연령층의 현금복지 배분율		(a)의 금액 환산(조 원)	
핀란드	7.77	네덜란드	1.310	호주	69.3	핀란드	72.2
덴마크	7.60	핀란드	1.524	핀란드	66.6	네덜란드	59.8
노르웨이	7.55	덴마크	1.576	뉴질랜드	66.3	덴마크	59.7
아이슬란드	7.49	스위스	1.621	덴마크	65.5	호주	48.6
네덜란드	7.49	스웨덴	1.626	네덜란드	60.2	노르웨이	46.5
스위스	7.48	노르웨이	1.633	스웨덴	53.6	뉴질랜드	46.0
스웨덴	7.34	뉴질랜드	1.660	스위스	53.3	캐나다	39.3
뉴질랜드	7.31	아이슬란드	1.662	캐나다	52.5	스위스	35.8
캐나다	7.28	캐나다	1.707	노르웨이	48.1	스웨덴	35.3
오스트리아	7.25	호주	1.722	아이슬란드	46.6	아이슬란드	31.5
호주	7.23	오스트리아	1.732	**미국**	**42.8**	오스트리아	30.3
이스라엘	7.14	이스라엘	1.738	이스라엘	42.0	이스라엘	28.4
미국	**6.89**	**일본**	**1.908**	**일본**	**41.1**	**미국**	**13.5**
한국	**5.89**	**미국**	**1.971**	**한국**	**40.0**	**일본**	**12.0**
일본	**5.89**	**한국**	**2.099**	오스트리아	36.3	**한국**	**8.1**

• 삶의 질은 2016~2018년 평균 • 표준편차는 2005~2018년 평균 • 하위 40% 노동연령층의 현금복지 배분율은 2016년 기준 • 금액 환산은 한국의 2016년 GDP(구계열)를 대입하여 구함 ▷자료: OECD(2019c); World Happiness Report 2019; 한국은행(2019)

표 6에는 국민이 매긴 삶의 질 평점과 평점 사이의 간극을 알 수 있는 표준편차, 하위 40% 노동연령층에 배분되는 현금복지의 비율, 그리고 이 배분율을 한국의 GDP로 환산한 금액이 나와 있다. 맨 왼쪽 열의 꼭대기 핀란드부터 열두 번째의 이스라엘까지가 세계 150여 개국 가운데 삶의 질 평점이 가장 높은 12개국이다. 이 나라들은 그 표준편차도 (OECD 기준에서) 14위 안쪽이다. 전체 국민이 평가하는 삶의 질과 저소득층이 평가하는 삶의 질이 동시에 가장 우수하다는 의미이다. 미국 국민의 삶의 질은 그리 나쁜 성적은 아니지만 표준편차가 상당히 벌어져 있다. 한국과 일본은 삶의 질 평점도 그 간극도 모두 좋지 않다. 이 세 나라는 서민의 살림살이를 개선할 여지가 여타보다 많은 셈이다.

한국, 미국, 일본은 삶의 질 상위권 국가에 비해 저소득층 복지가 박하다. 노동연령층에게 현금복지를 제공할 때 하위 40%가 가져가는 몫이 적은 것이다. 공교롭게도 우수 그룹 가운데 끄트머리에 있는 이스라엘과 오스트리아의 배분율이 저조하다. 실제 저소득층에게 지급된 현금복지의 총액을 보면 한·미·일 모두 우수 그룹보다 부족하다. 배분율에서의 차이보다 실제 지급액의 차이가 더욱 크게 벌어진다. 표에는 생략되었지만 이 지급액이 한국보다 적은 OECD 국가는 멕시코와 터키뿐이다. 저소득 노동연령층에 대한 현금복지의 배분율을 높이는 일과 실제 총액을 늘리는 일이 모두 시급하다.

스웨덴 등 노르딕 5개국과 한국, 미국, 일본은 서로 대척점에 있는 국가군이다. 한·미·일은 간접세의 세율이 낮고 그 총량도 작다. 2018년 기준 한국의 GDP 대비 소비세는 OECD 36개국 중 30번째로 하위권이고, 일본은 34번째, 미국은 36번째다. 반면에 노르딕 5개국의 간접세 세율은 OECD에서 가장 높은 수준이다. GDP 대비 소비세의 규모도 상위권이다. 하위 40% 노동연령층에게 가는 현금복지의 총액이나 이들이 평가하는 삶의 질도 현저한 차이가 있다. 간접세를 훨씬 많이 걷는 노르딕 5개국이 저소득층 복지를 훨씬 잘 챙긴다. 저소득층이 평가하는 삶의 질도 노르딕 국가들이 우월하다. 한편, 삶의 질 우수 그룹의 스위스, 캐나다, 호주는 간접세의 세율과 소비세의 규모가 한국, 미국, 일본과 같은 유형이다. 하지만 복지는 양상이 다르다. 스위스, 캐나다, 호주의 하위 40% 노동연령층은 한·미·일의 같은 현역세대보다 한결 많은 소득 지원을 받고 있다.

요약해보자. 간접세를 조금 걷으면서 서민을 위하는 듯하지만 정작 현금복지에는 인색한 한·미·일은 실제로 서민에게 좋은 선택지가 아니다. 서민에게 추천할 만한 사회는 간접세를 많이 걷으면서 (일견 서민을 착취하는 듯하지만) 현금복지를 소홀히 하지 않는 노르딕 국가들과 간접세를 조금 걷고 현금복지에도 인색하지 않은 호주, 스위스, 캐나다 같은 나라들이다.

한국에서는 간접세의 인상을 곧 서민 부담의 증가로 받아들인다. 그러나 간접세를 인상하지 않는 것과 서민을 위하는 것은 서로 다른 사안이다. 이를 등가관계로 놓으면 서민을 배려하고 있다는 '착각의 위안'을 얻을 수는 있겠지만, 그것은 어디까지나 착각일 따름이다. 한국은 지금껏 저소득층 복지를 소홀히 하면서 간접세를 억제하여 서민을 챙기겠다는 '가식'의 나라였다. 이제 그런 가식은 벗어던지고 진짜 서민 살리기를 해야 한다. 간접세를 올려서라도 강화해야 할 복지가 있다면 이를 주저하지 말아야 한다. 한국 국민을 위하는 길은 복지에 필요한 세금을 확보하는 것이지 간접세 증세를 배척하는 게 아니다.

복지는 현금을 분배하는 게 다가 아니다. 물론 복지는 현금 지원이 일차적으로 긴요하지만 보육이나 요양, 재활, 장애인 활동지원 등 각종 돌봄 사회서비스 역시 매우 중요한 요소이다. 소득과 무관한 보편적 사회서비스를 남다르게 발달시킨 나라가 북유럽 5개국이다. 그들이 삶의 질 최상단을 독점하다시피 하는 핵심 이유다. 복지 후진국이자 삶의 질 후진국인 한국의 입장에서 기왕에 복지를 확대해 나간다면, 촘촘한 사회서비스를 구축하는 것이 여러 측면에서 바람직하다. 여성의 능력을 십분 끌어내기 위해서도 그러하고, 남성의 부담을 덜기 위해서도 그러하며, 최악의 임금 격차를 축소하고 양질의 일자리를 창출하기 위해서도 그러하다. 돌봄으로 대표되는 사회서비스 복지의 숱한 장점들은 특히 한국에 절실한 것들이다. 이용자와 제공자 모두에게 양질인 사회서비스가 전 소득계층을 포용하는 가운데 세부 전달 과정에서 저소득층과 사회 약자에게 맞춤형 배려가 있는 복지 체제를 만들어야 한다.

이 수준의 복지를 실현하려면 전 구성원이 지금보다 훨씬 많은 세금을 내야 한다. 간접세는 그 주요한 수단 중의 하나다. 우리는 간접세가 서민을 힘들게 한다는 망상에서 한시바삐 깨어나 진도를 나가야 한다. 이 책이 많은 지면을 할애하면서 간접세에 대한 숱한 '미신'과 '신화'를 비판하고, '통계'와 '숫자'를 세심하게 들여다보았던 것은 이런 공감대가 형성되길 바라서였다.

보충과 유의점

간접세는 역진적인 데다 물가 상승도 동반하므로 반드시 이를 상쇄하는 정책이 강구됐다는 전제하에 증세가 이뤄져야 한다. 간접세의 단점이 용인되는 때는 보편 증세와 복지 강화의 이로움이 그 결함보다 훨씬 클 때이지, 여기에는 다른 이유가 덧붙을 수 없다. 그렇잖아도 한국은 세금과 복지의 불평등 완화 효과가 미미한 실정이다. 무턱대고 간접세를 올렸다간 상황만 더 악화된다.

직접세 및 간접세 통계에 관한 가짜 숫자들을 걷어내고 나면 최소한 통계적으로는 간접세 인상 반대의 근거가 약해진다. 그러나 단지 이를 이유로 간접세 인상을 주장하는 이들은 경계해야 한다. 한국의 저소득층 복지는 초라하기 짝이 없다. 근로 세대의 현금복지만 한정해도 하위 40%에 대한 총 지원액이 최소 네다섯 배는 증가해야 우수 국가들을 따라잡는다. 이런 상황에서 저소득층 복지를 획기적으로 늘릴 방안도 없이, 통계상 간접세 인상의 여지가 있다고 하여 무조건 증세를 할 수는 없는 일이다.

한국의 저소득층 복지가 빈약한 것은 보편 복지 때문이 아니다. 보편 복지도 부족하다. '보편 복지'는 개선과 확대가 동시에 요구되는 '과제'이지, 저소득층 복지로 돌려야 할 '낭비'가 아니다. 세출 개혁으로 줄여야 할 예산은 보편 복지가 아닌 다른 부문이다.

아울러, 우리는 세출 개혁 허풍쟁이들을 조심해야 한다. 세금 낭비는 응당 막아야 하지만 이를 통해 확보할 수 있는 복지 재정은 제한적이다. 세금 도둑만 잡으면 대단한 복지 재정이 생길 것처럼 현혹하는 이들은 사기를 치는 것이나 마찬가지다. 가짜 숫자와 과장된 통계의 선동을 분별하고, 세출 개혁에 과도한 기대를 하지 않으며, 지혜롭게 보편 증세를 도모할 수 있는 사회의 '실력'이 절실하다.

법인세에 관한

가 장 정 확 한 소 고

"최저임금이 오르면 국민연금도 오르고 건강보험도 오르고 급여 외에도 부담할 게 너무 늘어납니다."

최저임금 인상 논란이 한창 불붙었을 때 중소기업과 소상공인의 입장을 대변하는 쪽에서 나온 이야기 가운데 하나다. 기업 또는 고용주 측에서 국가에 지불해야 할 비용에는 사회보험료도 있음을 정확히 알려준다. 국제적으로 사회보험료는 세금의 한 종류임을 앞서 확인했었다. 기업이 납부하는 세금은 법인세만이 아니라는 이야기다.

그런데 이상한 것이 기업의 세금을 논하면서 법인세만을 물고 늘어지는 세태다. 법인세는 부담되지만 사회보험료는 전혀 부담이 아니라면 몰라도, 이해하기 어려운 시각이다. 지금부

장제우의 세금수업

터는 법인세를 비롯한 기업 세금의 진실을 파헤쳐본다.

나라별 기업 세금의 현황을 파악하려면 법인세와 고용주 부담 사회보험료, 그리고 급여세(Taxes on payroll and work-force)까지 살펴봐야 한다. 급여세는 사회보험료처럼 급여에서 일정 비율로 또는 직원 1인당 정액으로 징수되지만, 사회보험료와는 달리 특정 복지 용도에 국한되지 않는 세금이다. 현재 OECD 19개국에서 징수되고 있다. 대개는 너무 소액이라 별 주목을 끌지 않지만 스웨덴, 오스트리아 등 몇몇 국가에서는 무시할 수 없는 수준이다. 여기에서는 OECD Taxing Wages 2015[1]의 기준에 맞춰 스웨덴, 오스트리아, 헝가리, 호주의 급여세만 기업 세금으로 보고 고용주 사회보험료에 합산하고 있음을 밝혀둔다.

스웨덴 고용주 사회보험료의 용처별 구성을 보면 연금, 건강보험, 출산 및 육아(부모보험), 산재보험, 실업급여 등 정해진 복지에 쓰이는 부분과 일반적인 세금으로 쓰이는 부분이 나뉘져 있다. 스웨덴 국세청에서는 고용주세 또는 고용주 사회보장세 명목으로 통합하여 징수하지만 OECD의 조세 통계는 용도에 따라 별도로 작성된다. 2006년에 들어섰던 우파 연정은 고용주의 사회보험료에서 일반 세금의 비중을 늘렸고[2] 이에 따라 OECD 통계의 스웨덴 고용주 사회보험료는 2007년 GDP.대비 9.1%에서 2018년 7%로 비교적 큰 폭이 감소했다. 하지만 급여세가 2.5%에서 5.1%로 늘어나며 스웨덴 기업의 실질적인 사회보험료 기여 수준은 거의 그대로다. 스웨덴의 사례에서 보듯 기업 세금을 국가 간에 비교할 때는 급여세도 계산에 넣어야 정확도가 높아진다.

법인세 인상파도 인하파도 정신 좀 차립시다

법인세와 고용주 사회보험료, 그리고 급여세. 이 세 가지 세목을 동시에 보지 않으면 기업 세금의 진실은 저 산 너머로 가게 된다. 예를 들어, 법인세율이 낮은 나라들이 실제로는 막대한 기업 세금을 납부하는 사례가 적지 않다. 2018년 기준 오스트리아(2.7%), 핀란드(2.6%), 프랑스(2.1%), 에스토니아(2.0%), 이탈리아(1.9%) 등은 GDP 대비 법인세가 작은 나라들이다. 다들 OECD 평균(3.1%)을 밑돌아 법인세 부담이 작은 나라에 속해 있다.

하지만 고용주 사회보험료와 급여세를 합산하면 양상이 달라진다. OECD의 GDP 대비 기업 세금 평균인 8.6%를 모두

웃돌아 기업의 세금 부담이 가장 큰 나라들에 속하게 된다. 프랑스가 13.3%로 OECD 3위, 에스토니아는 13.1%의 4위, 오스트리아는 12.3%로 6위, 이탈리아는 10.7%로 10위, 핀란드는 10.2%로 13위의 위치를 차지한다. 이 나라들의 법인세만 보며 기업의 세 부담이 참 작다고 부러워했던 사람이라면 냉수 먹고 속부터 차리는 게 좋을 것이다.

이와는 정반대되는 나라들도 있다. GDP 대비 법인세가 큰 순으로 줄 세웠을 때 호주(5.3%), 뉴질랜드(5.1%), 칠레(4.7%), 캐나다(3.7%), 그리고 대망의 한국(4.5%)은 앞줄에 서 있는 나라들이다. 전부 10등 안에 들어간다. 하지만 나머지 두 가지 기업 세금이 더해지면 다들 뒤쪽으로 자리를 이동한다. 칠레 4.7% 31위, 뉴질랜드 5.1% 29위, 캐나다 6.2% 25위, 호주 6.7% 23위 등 법인세만 봤을 때와는 다르게 기업이 납부하는 세금이 작아진다. 대망의 한국은 법인세가 많기로 6번째인 나라였다가 전체 기업 세금에서는 7.8%의 19번째에 자리한다. 이것만 봐서는 기업의 세 부담이 큰 나라가 아니다.

그래도 법인세가 많으니 한국 기업의 세 부담이 지나치다고 말하고 싶다면, 좋다. 법인세를 확 깎아서 핀란드 수준으로 낮추자. GDP 대비 4.5%에서 2.6%로 낮추는 것이니 혁명적인 감세다. 대신에 공평하게 핀란드만큼 기업이 사회보험료를 부담하자. GDP의 3.3%에서 7.6%로 올리기다. 이러면 한국의 기업 세금은 GDP의 7.8%에서 10.2%로 꽤 '과격한' 상승을 한다. 기업이 납부하는 세금이 확 늘었지만, 법인세 낮추기 예찬론자들은 찬성해 마지않을 것이다. 법인세가 이처럼 큰 폭으로 줄었다면 꿈이 실현된 것이나 마찬가지 아니겠는가?

이렇게 우스갯소리를 해본 것은, 법인세만 가지고 옥신각신하다가는 헛 우물만 파다 날 샌다는 말을 하기 위해서다. 방금 전은 법인세 인하파를 꼬집었지만 인상파의 헛손질도 만만치 않다. 법인세 인상으로 복지 재정 확보에 열심인 이들은 정말로 복지 발전에 의지가 있는지 의문스럽다.

기본적으로 법인세는 활용도가 낮은 세금이다. 2018년 기준 OECD 평균 전체 세금에 대비한 법인세의 비중은 9.5%에 그친다. 법인세를 가장 많이 걷는 상위 10개국의 평균도 16.1%로 대단히 큰 지분은 아니다. 소득세 OECD 평균 23.9%, 상위 10개국 평균 36.8%보다 두 배 넘게 활용도가 떨어진다. 한국의 법인세는 총세금에서 15.7%를 차지하며 네 번째로 비중이 높다. 앞서 보았듯 한국은 법인세의 GDP 대비 규모도 작지 않은 나라다. 이런 수치들이 한국의 법인세를 무슨 일이 있어도 올리면 안 되는 이유는 아니겠으나, 인상의 여력이 그리 크지 않다는 점은 쉽게 알 수 있다.

무릇 제기돼 온 법인세 인상의 이유들, 이를테면 법인세 실효세율이 아주 높은 편도 아닌데 기업소득의 비중이 타 국

장제우의 세금수업

가들보다 높아서 그 규모가 큰 편이라든지, 또는 삼성 등 일부 대기업의 법인세 실효세율이 때때로 중소기업보다도 낮다든지 하는 지적들을 흘려들어서는 안 될 것이다. 하지만 여태까지처럼 유독 법인세에 집착하는 세태는 분명 교정이 필요하다. 한국은 이미 법인세를 충분히 활용하고 있다. 복지 발전이 명분이라면 법인세가 아닌 세목에 더 주목하는 것이 사리에 맞다.

법인세보다 소득세가 늘어야 한다

법인세에 대한 프레임 중 신기하기도 하고 씁쓸하기도 한 것이 소득세와 법인세를 대결시키는 촌극이다. 법인세가 소득세보다 덜 걷히면, 법인세의 증가율이 소득세의 증가율보다 낮으면, 무슨 불의한 일이라도 벌어지고 있다는 듯 일성을 내지르는 이들이 있다. 하지만 법인세와 소득세의 총액이 같아지도록 애쓰는 것이 무슨 대단한 정의인지 통 알 수 없는 노릇이다. 아무튼 한국은 법인세에 대한 희한한 프레임이 강력한 나라이고, 그 덕분인지 소득세와 법인세의 총징수액이 유사한 특성을 보인다.

OECD 국가들의 소득세와 법인세의 차이를 보았을 때 한국은 그 차이가 작기로 세 번째다. 가장 작은 나라는 멕시코이고, 두 번째는 슬로바키아다. 세 번째인 한국의 위로는 체코, 터키, 일본, 리투아니아, 이스라엘, 폴란드, 포르투갈, 칠레가 있다. 뭔가 이상하지 않은가? 한국이 본받을 만한 나라는 드물고 닮으면 곤란한 나라들이 몰려 있다. '소득세와 법인세의 징수액 비슷하게 만들기'가 마치 정의인 양 외치던 이들은 대체 누구한테 그런 논리를 배운 것인가?

소득세가 법인세보다 훨씬 많이 걷히는 나라들 중에는 국민이 평가하는 삶의 질 최상위 국가군이 잔뜩 포진해 있다. 덴마크, 아이슬란드, 핀란드, 스웨덴, 캐나다, 뉴질랜드, 오스트리아, 호주 등 낮은 삶의 질의 한국이 따라잡아야 할 나라들이다. 한국의 2018년 GDP(구계열)를 대입하여 이들 나라의 '소득세-법인세'를 구해보면 최소 110조 원, 최대 380조 원 소득세가 더 많이 걷힌다. 한국의 소득세는 법인세보다 단지 13조 원 많을 뿐이니 실로 엄청난 차이가 있다. 그런데 한국에서는 저들처럼 법인세보다 소득세가 많으면 문제라는 이들이 목소리를 높이니 참 기이할 따름이다. 법인세와 소득세의 징수액 차이를 비교해가며 옳고 그름을 따지던 이들은 저들 나라에 가서도 사람들을 좀 일깨워주고 따졌으면 좋겠다. "아니 여러분, 소득세가 법인세보다 너무 많이 걷히고 있습니다. 한국에서는 용납할 수 없는 일이에요. 대체 왜 그런 불의를 참고 계시는 것입니까? 선진국답지 않습니다!"

장제우의 세금수업

기업 세금의 지옥 스웨덴,
국민 세금의 지옥 덴마크

OECD가 세금 통계를 집계한 1965년 이래로 현재까지 개인과 기업으로부터 가장 많은 세금을 걷은 나라는 스웨덴이다. GDP에 대비한 총세입(국민부담률)이 평균 43.4%에 달한다. 42.7%의 덴마크가 간발의 차이로 스웨덴 다음이다. 스웨덴은 1975년부터 2001년까지 27년 동안, 덴마크가 1위에 올랐던 단 3년을 제하고는, 총세금 순위 1위를 석권했다. 쌍벽을 이루는 덴마크는 2002년부터 2015년까지 내리 1위를 내달렸다. 다들 세금을 적게 내는 한국에서 '세금폭탄'을 입에 달고 사는 보수 언론인 등이 보기에 이런 나라는 뭐라고 부를 수 있을까? '세금지옥'으로는 표현이 부족하지만 지옥은 지옥일 테다.

스웨덴과 덴마크가 지상 최악의 '세금지옥'이라는 공통점을 가졌지만 서로 극과 극의 차이점도 있다. 스웨덴은 기업에게 세금의 지옥이고, 덴마크는 국민에게 지옥이다. 2018년 기준 스웨덴의 기업 세금은 GDP의 15.1%로 OECD 단연 선두이다. 13.4%의 2위 체코를 여유 있게 제치고 있다. 반면에 덴마크의 기업은 GDP 대비 2.9%의 세금을 납부하여 뒤에서 두 번째로 양이 적다. 19번째인 한국의 7.8%에 비교해도 한참이나 모자란다. 덴마크의 기업은 더할 나위 없는 '세금천국'을 누리는 셈이다.

그러나 덴마크 국민은 이루 말할 수 없는 '세금지옥'에 허덕인다. 덴마크의 소득세는 GDP 대비 24.4%로 압도적인 1등이다. 스웨덴도 12.7%의 3위에 올라 적은 양은 아니지만 덴마크에 비할 바는 아니다. GDP 대비 14.5%의 소득세를 걷어 2위에 오른 아이슬란드와 3위 스웨덴의 소득세를 합친 것과 덴마크 한 나라의 소득세가 맞먹는다. 한국의 소득세는 5.2%로 29위에 불과하다. 그럼에도 한국의 소득세가 부담이라는 아우성이 끊이지 않는데 덴마크 국민은 어찌 사는지 모르겠다. 덴마크의 '대국민 수탈'은 소득세로 끝이 아니다. 간접세인 소비세도 GDP 대비 14.7%를 걷어 OECD 3위에 올라 있다. 소득세를 그렇게 뜯었으면 소비세라도 걷지 말든가 해야 할 텐데 자비심이라는 게 없는 나라다. 스웨덴도 11.3%의 11위에 위치하며 간접세가 많은 나라이지만 덴마크에 비하면 양반이고, 7.5%인 한국의 소비세는 30위에 그칠 뿐이니 휘파람을 불어도 되지 않나 싶기도 하다.

그래도 덴마크가 양심이 전혀 없는 그런 나라는 아니다. 덴마크의 노동자가 내는 사회보험료는 사실상 없는 수준이다. GDP의 0.03%로 정말 쥐꼬리다. 그냥 없다고 봐도 될 정도다. 한국의 노동자가 납부하는 사회보험료는 GDP 대비 3.1%인데 OECD에서 16번째로 많은 양이다. 대단한 부담은 아니지만 덴마크에 비하면 엄청나다. 스웨덴의 노동자 부담 사회보험료는 GDP의 2.6%로 21번째다. 한국보다 적게 낸다. 게다가 스웨덴은 전액 세액공제가 이뤄진다.[3] 한국의 직장인들이 사회보험료 하나만큼은 덴마크나 스웨덴에 비해 확실히 더 내고 있다. 이 대목에서는 자부심(?)을 가져도 좋지 않나 싶다.

국민이 보편적으로 내는 세금의 대표 주자는 소득세와 직원 사회보험료 그리고 소비세다. 사회보험료가 없는 것이나 다름없는 덴마크는 소득세로만 전체 세금의 54.4%를 걷어들이고 소득세와 소비세는 총세금의 87.1%를 차지한다. 국민이 세금을 다 내는, 국민에게만 '세금지옥'인 셈이다. 스웨덴의 국민은 소득세와 직원 사회보험료, 소비세를 더해 총세금의 62.9%를 부담하고 한국은 55.6%를 책임진다. 비중에서는 큰 차이가 아니지만 한국의 세금 규모가 작기에 실납부액은 막대한 차이가 있다.

덴마크 국민의 세 부담이 타의 추종을 불허한다면 스웨덴은 기업이 내는 세금이 OECD 1등이다. 덴마크와 스웨덴에서 국민과 기업으로부터 걷히는 세금의 총량은 막상막하의 수준이지만, 그 양태는 전혀 다르게 나타난다. 왜 이런 현상이 일어나는지, 한국 사회에 주는 시사점은 무엇인지 이제 그 내막을 파헤쳐보자.

법인세 논란이 주목하지 못한 '어떤 풍경'

신생 벤처기업 PMG의 이강호 회장은 창업 전 덴마크의 세계적인 펌프제조회사 그런포스펌프의 한국법인 CEO를 무려 25년이나 역임했다. 그런포스그룹은 세계 56개국에 80개의 자회사를 운영하며 연간 1,600만 대의 제품을 생산하는 초우량 기업이다.[4] 펌프시장 점유율이 세계 최대이고, 한국에도 전국 30층 이상 고층 빌딩의 90%에 그런포스의 제품이 설치돼 있다. 그는 이 덴마크의 글로벌 기업에서 역대 최장수 CEO로 근무했다.

이강호 회장이 지난 4반세기 덴마크를 관찰한 바에 따르면, 덴마크에서는 택시 운전사도 웨이터도 행복하게 산다. 한번은 덴마크 공항에서 택시를 타고 가다 기사에게 물어보았는데, 시간에 얽매이지 않고 일을 하며 코펜하겐 같은 대도시가 아닌 곳에서 살 수 있기에 너무 행복하다는 답변을 들었다고 한다. 이 회장은 대단한 성공의 이력을 쓴 인물이지만, 덴마크 택시 운전사의 삶에 대한 태도가 무척 부러웠다는 인터뷰를 남기기도 했다. 또 한번은 식당 서빙 종업원들에게 질문해봤더니, 그들 역시 손님이 맛있게 식사하는 모습에 행복하다고 느끼며 그 즐거움을 계속 갖겠다고 말해 놀란 적이 있다고 한다.[5]

덴마크는 행복지수가 1등이라며 한국 언론에도 심심찮게

등장하는 나라다. 그런 덴마크에 대해 이 회장이 내린 첫 번째 결론은 덴마크 사람들은 자기가 하고 싶은 일을 하며 산다는 것이다. 본인의 일에 만족하며 자부심을 갖고 자신이 자기 인생의 주인공이라 여기기에 삶의 질이 높다는 이야기다.

오연호《오마이뉴스》대표는 몇 년 전 코펜하겐 한복판의 대형 레스토랑에서 서빙 업무를 맡고 있는 클라우스 피터슨 씨를 취재했다.[6] 피터슨 씨는 열일곱 살 때부터 40년간 요리사와 종업원 일을 해왔는데 지금 직장에는 10년을 다녔고 그 전에는 한 식당에서만 20년을 근무했다. 식당 종업원이지만 월급의 36%를 세금으로 내며 코펜하겐 시내에 아파트도 한 채 가지고 있다. 한국의 눈으로 보면 여러모로 희한한 삶의 궤적이다. 여하간 이 중년의 덴마크 웨이터는 스스로를 중산층이라 생각하며 실제로도 그에 걸맞게 살아간다. 피터슨 씨의 인터뷰에서 특히 인상적인 대목은 아들과 동창회에 대한 이야기다. 그는 열쇠수리공인 아들이 의미 있는 일을 해서 자랑스럽고, 아들이 의사나 판검사가 되기를 바랐던 적이 없으며, 동창회에 나가서도 자신과 아들의 직업을 거리낌 없이 밝힌다고 한다.

56세의 웨이터 피터슨 씨는 한국에 각별히 중요한 이야기를 전했는데, 바로 그가 가입돼 있는 산별노조 '3F'다. 회원 수 30만 명의 3F는 덴마크 전국의 식당 종업원이 속해 있는 서비스업 직종의 초기업적 노조이다. 그 역시 고등학교 졸업 이후 식당 일을 처음 할 때부터 40년간 3F의 노조원이었다고 한다. 바로 이 전국적인 산별노조 덕분에 피터슨 씨는 직장에서 부당대우를 받을 걱정이 없을뿐더러, 혹 실직하더라도 1년 6개월간 약 330만 원의 실업급여를 매달 받을 수 있기에 실직에 대한 두려움도 없다는 설명이다.

《뉴욕 타임즈》는 덴마크 버거킹 점원의 사례를 통해 산별노조 '3F'가 서비스 업계에서 질 나쁜 저임금 일자리를 방지하는 데 지대한 역할을 맡는다고 보도한다.[7] 미국의 비즈니스 미디어 《Fast Company》에서는 스웨덴 맥도날드 점원의 임금과 삶에 대해 취재하며 덴마크의 '3F'에 해당하는 스웨덴의 산별노조 'HRF'를 소개했다.[8]

먼저 덴마크 사례를 다루는 《뉴욕 타임즈》의 2014년 10월 27일 자 기사를 간추려보면, 버거킹에서 일하는 햄퍼스 에로프슨 씨는 시급 20달러에 주당 40시간을 근무하고 괜찮은 삶을 살아간다. 덴마크 버거킹의 시급은 미국 패스트푸드 체인의 2.5배에 달하며, 덴마크의 물가가 미국보다 30%가량 높긴 하지만 인생을 살 만하게 해주는 수준이다(필자 주: 이 당시 덴마크와 미국의 기업 세금은 각각 GDP의 2.7%와 5.2%로 OECD 31개국 중 꼴찌와 뒤에서 네 번째였다.) 기사에 따르면 덴마크의 패스트푸드 점원들은 급여 외에도 미국에서 같은 산업에 종사하는 노동자들이 꿈만 꿀 수 있는 혜택을 실제로 보장받는다.

5주간의 유급휴가, 여성과 남성 모두의 유급 출산휴가, 퇴직연금 등이 그것이다.

덴마크는 법정 최저임금이 없다. 에로프슨 씨의 시급 시간당 20달러는 '3F'와 '호레스타(Horesta)'의 노사교섭을 통해 정해진다. '호레스타'는 버거킹이나 맥도날드, 스타벅스 등의 기업을 대표하는 단체이다. 덴마크 법은 이들 간의 협약이 반드시 지켜져야 한다고 요구하진 않지만, 기업은 이를 준수한다. 노동조합이 파업이나 시위 또는 구매거부 운동을 하지 않기로 약속했기 때문이다. 기업은 (노사교섭을 따르는 대신) 평화를 얻게 됐다고 3F의 수석 교섭관은 설명한다. 이를테면 과거 맥도날드는 덴마크에서 비싼 수업료를 치러야 했다. 처음 덴마크에 진출했던 1980년대에 맥도날드는 고용주 단체에 합류하기도 거부하고 산별협약을 채택하는 것도 반대했다. 하지만 노조가 이끈 1년간의 시끌벅적한 시위 이후, 결국 맥도날드는 노조의 요구에 동의했다.

《Fast Company》의 2015년 10월 28일 자 기사에 따르면, 스웨덴의 맥도날드 점원들은 미국의 그들과는 달리 자신의 일이 만족할 만한 직업이 될 수 있다고 대답한다. 37세의 Bassem Majid 씨는 오래전 레바논의 전쟁 난민 자격으로 스웨덴에 정착했다. 그는 15년간 맥도날드에서 근무했고 지금은 교대조의 조장을 맡고 있다. 호텔과 식당 종사자들의 노동조합인 HRF의 노조원이며 자녀 둘의 아버지이자 맞벌이 아내의 남편이기도 하다. 산별노조를 통해 급여를 협상하고 시간당 16달러를 받는 Majid 씨는 자신이 적절하고 평범한 삶을 살고 있다고 생각한다.

Majid 씨의 동료인 Mohammed Marifa Bah 씨는 2007년 아프리카 시에라리온에서 스웨덴으로 이민을 왔다. 그는 7년간 맥도날드 매장에서 근무했고 역시 HRF의 노조원이며 (덴마크보다 낮은) 시급 14.5달러를 받는다. Marifa Bah 씨는 노동조합이 그를 위해 많은 일을 하고 있다고 치켜세운다. Majid 씨는 여기 스웨덴에서 혹시 자신이 병이라도 걸린다면, 누군가가 자기 가족을 돌봐줄 것이라고 믿음을 표한다. 두 사람 모두 패스트푸드 매장의 점원이지만 30%의 소득세를 낸다. 또한 이들은 스웨덴의 다양한 복지 혜택을 누리며 자신의 일과 삶에 만족한다.

기업 세금과 노동자 임금을 둘러싼
'바람직한 반비례 관계'

스웨덴과 덴마크의 1인당 GDP는 시장환율(명목환율) 기준이든 물가 수준을 고려한 구매력평가환율(PPP) 기준이든 별 차이가 없다. 2014년 스웨덴의 1인당 GDP는 시장환율로 58,538달러이고 덴마크는 60,947달러이다.[9] 덴마크가 스웨덴보다 4.1% 높아 대동소이하다고 볼 수 있다. 구매력평가환율로는 스웨덴이 46,219달러, 덴마크가 44,625달러이고 덴마크가 3.4% 낮아 역시 비등비등하다. 2010년에서 2015년까지의 평균을 봐도 시장환율 기준에서 스웨덴이 55,960달러, 덴마크가 58,211달러로 비슷하고 구매력평가환율에서는 스웨덴이 44,711달러, 덴마크가 43,574달러로 거기서 거기다.

스웨덴과 덴마크의 1인당 GDP는 어느 기준에서든 거의 같지만, 조금 전 《뉴욕 타임즈》와 《Fast Company》의 기사에서 본 것처럼 햄버거 체인점 직원의 시급은 덴마크가 38% 더 많아 (1년의 시차를 감안해도) 덴마크의 패스트푸드 점원들은 스웨덴의 그들보다 대폭 인상된 급여를 받는다. 한데 1인당 GDP나 물가 및 급여 수준은 대체로 비례하므로, 얼핏 생각하면 스웨덴의 패스트푸드 종업원들은 1인당 GDP가 대등한 덴마크의 그들에 비해 상당히 열악한 처지에 있어야 한다.

하지만 기사에도 나왔듯 실제는 그렇지 않다. 나쁘지 않은 삶을 동시에 살아간다. 앞서 살펴보았듯 스웨덴과 덴마크 간에는 기업이 내는 세금의 양, 바꿔 말해 기업의 복지 기여가 큰 차이를 보이기 때문이다. 즉, '적절한 생활수준을 담보한다'는 전제하에, 임금이 올라가면 기업의 세금이 내려가고 기업의 세금이 많아지면 임금이 적어지는 '바람직한 반비례 관계'가 스웨덴과 덴마크에서 나타나는 것이다.

두 나라의 최저임금에 해당하는 패스트푸드 시급뿐 아니라 평균임금에서도 기업 세금과 노동자 임금의 '바람직한 반비례 관계'를 볼 수 있다. 2014년 OECD Taxing Wages 기준 스웨덴의 평균임금은 명목환율로 59,465달러이고 PPP 환율을 적용하면 46,379달러가 된다. 덴마크의 평균임금은 명목 기준 70,822달러, PPP 기준 52,161달러로, 덴마크의 평균임금이 스웨덴에 비해 명목 기준에서는 19.1% 높았고 PPP 기준에서는 12.5% 더 많았다. 하지만 두 나라의 1인당 GDP는 명목에서 덴마크가 4.1% 높을 뿐이었고, PPP에서는 오히려 스웨덴이 3.4% 더 높았다.[10] 덴마크의 평균임금 수준이 스웨덴보다 한결 넉넉하다는 것을 알 수 있다.

이들 나라는 삶의 질이 높다는 점에서 서로 판박이다. 하지만 임금과 기업 세금의 현황은 거꾸로다. 덴마크의 경우 기업의 쥐꼬리만 한 세금을 보충하는 두둑한 급여가 존재하고, 스웨덴에서는 덴마크에 비해 초라한 급여를 상쇄하는 기업의 세금이 풍성하게 존재한다. 독일 통계청에 따르면 스웨덴과 덴마크의 시간당 노동비용은 유럽 내 최고 수준으로 거의 같다.[11] 여기서 노동비용은 임금과 임금 외 부대비용의 합계인데, 부대비용의 대부분은 기업의 사회보험료 납부액이다. 임금 수준과 기업의 세금 부담 수준이 정반대에 있는 두 나라이지만 노동자에 대한 기업의 보상 수준은 최상으로 같아지는 마법(?)을 부린다.

선악과 진영의 이분법을 넘어서

스웨덴과 덴마크의 이런 '다르지만 같은' 기업 세금과 임금 체계로부터 우리는 무엇을 얻을 수 있을까? 한두 가지가 아니겠지만, 나는 '선악 이분법을 떨치는 것'이 가장 중요한 시사점이 아닌가 한다. 기업의 세금이 줄어든다고 무조건 나쁜 게 아니고, 늘어난다고 선한 것도 아니다. 덴마크에 가서 왜 이렇게 기업이 세금을 적게 내냐고, 너무 하는 거 아니냐고 따져보라. 바보 취급 당하기 십상일 테다. 스웨덴에 가서 따져보라. 덴마크보다 기업의 세 부담이 너무 크다고, 덴마크보다 임금이 너무 적다고. 아무 의미 없는 시빗거리다.

기업의 세금 납부와 임금 지불은 서로 오르내리는 교환이 될 수 있다. 스웨덴과 덴마크에서 보듯 이것은 아무 일도 아니다. 중요한 것은 노동자의 생활 여건과 기업의 세금 및 임금 부담이 서로 균형점을 찾아야 한다는 것이다. 그래야 가장 많은 일자리가 창출될 수 있고, 노동자의 생활 여건도 고르게 향상될 수 있다. 또 한 가지, 법인세와 같은 기업의 특정 세금 부담이 늘지 않는 것을 무작정 비판해선 안 된다. 그 자체로는 아무 일이 아니다. 한국에는 법인세를 소득세만큼 늘리려 하는 시류가 강고하다. 법인세가 소득세보다 덜 걷히면 기업이 악행을 저지르는 것이라는 편견이 있다.

그러나 법인세가 늘거나 주는 것은 스웨덴과 덴마크의 기업 세금에서 보듯 선도, 악도 아니다. 오히려 법인세는 소득세보다 한참 적게 걷히는 것이 당연하다. 한국은 보편 증세를 통해 소득세가 대폭 늘어나야 복지를 획기적으로 발전시킬 수 있다. 이때 법인세는 도저히 소득세를 따라갈 수 없다. 앞서 보았듯 우수한 삶의 질의 국가들은 소득세가 법인세보다 훨씬 많이 걷힌다. 현재 수준에서 더 늘어봐야 그리 많지 않을 한국의 법인세에 맞추어 소득세를 걷으려는 행태야말로 잘못된 것이다. 이는 소득세에 대한 조세저항을 부추기고 복지 발전을 가로막는 행위에 다름 아니다. 기업의 세금에 대한 선악 이분법을 버리고 모두를 위한 선택을 해야 한다.

장제우의 세금수업

chapter _____ **6**

위선의   정
                          치

전통적으로 한국에는 세금이 공정하게 걷히지도 않고 적재적소에 쓰이지도 않는다는 불신이 파다하다. 세금을 다루는 위정자들이 구태와 부정부패에 찌들었다는 원성도 높다. 근거가 있는 인식이고, 증세를 통해 연대를 강화하는 일만큼이나 증세 반감을 누그러뜨리는 과제가 시급하다. 조세 정의가 확립된다는 전제하에 세금을 더 내겠다는 여론이 큰 폭으로 형성돼 있으므로, 또 치우침 없는 세정이 국민의 신뢰를 얻어야 복지도 성공할 수 있으므로 증세에 앞서 정치의 자성을 도모하는 것은 일견 당연하고 마땅하다.

그러나 문제는, 조세저항이 변함없는 가운데 정치권이 탈바꿈할 가능성은 매우 희박하다는 점이다. 그들의 철저한 쇄신을 가로막는 핵심 요인이 바로 조세저항이기 때문이다. 증세를 거부하는 민심 아래 전폭적인 세금 인상 없이도, 한국 정치가 속속들이 발전할 수 있다고 믿는다면 이는 순진한 생각이다. 정치의 각성을 이끄는 가장 위력적인 방안은 높은 세금을 마다하지 않는 것이다.

저급 정치인들은 조세저항을 먹고 자라난다

상품이나 서비스의 구매자가 저렴한 비용을 지불할 때와 고액의 대가를 치를 경우 기대하는 품질은 천양지차다. 쉬운 예로 특별한 날을 기념하고자 수십만 원대의 고급 음식점을 찾는 손님은 위생, 맛, 직원의 서비스, 장소의 시원함이나 따듯함, 쾌적하고 기분 좋은 인테리어와 분위기 등등 여러 가지 까다로운 기준을 가지고 품질을 평가한다. 반면에 길거리 포장마차에서 간단한 요깃거리를 사 먹는다면, 위생 상태에 예민해하지도 않고 추운 날씨도 개의치 않으며 기막힌 맛이나 호사스러운 서비스를 기대하지도 않는다.

세금 역시 마찬가지다. 많은 세금을 내는 국민은 그만큼 정치를 대하는 눈높이가 높아지고, 제발 정치에 관심 좀 가지라고 누가 타이르고 보채지 않아도 알아서 야무지게 정치를 감시하게 된다. 고가의 재화를 구입하는 소비자가 그에 상응하는 고품질을 깐깐하게 따지듯, 높은 세금에 부응하는 고품질의 정치를 엄격하게 따지는 것이다. 이렇게 다져진 냉철하고 단호한 정치의식은 뛰어난 정치를 이끌어내는 거대한 압력으로 작용한다.

최정상의 복지국가에서 평범한 국민은 소득세, 사회보험료 등 수입에서 원천 징수되는 세금에다 소비할 때 납부하는 간접세를 더해, 세금이 충실하게 복지로 돌아오지 않을 경우 생활수준이 현저히 떨어질 만큼 무거운 부담을 진다. 세금이 잘못 쓰여 복지에 차질이라도 생긴다면, 나라가 발칵 뒤집힐 만한 정치 지형이 조성돼 있다.

반면 한국인들은 직접세에 간접세까지 죄다 더해도 어느 소득계층이건 자신의 소득 단계가 달라지지는 않게끔 세금을 낸다. 세금이 작으니 복지도 작고, 복지강국과는 달리 세금과 복지에 따라 삶의 조건이 좌우되지도 않는다. 사람들은 늘 세금이 줄줄 새고 복지가 부족하다고 불만이지만, 콕 집어 이 때문에 정치판을 갈아엎기는 어려운 정황이다. 국민으로서는 이래저래 답답한 환경이지만 저급 정치인들에겐 한국 같은 꿀단지가 따로 없다. 높은 조세저항과 낮은 세금은 팍팍한 삶의 근원인 동시에, 정치에 대한 허술한 감시망의 토양이기 때문이다.

세금을 올리는 일은 흔히 '고양이 목에 방울 달기'로 비유되곤 한다. 하지만 조세 문명이 발달한 현시대에 이런 사고는 업그레이드될 필요가 있다. 정치의 기강을 바로잡는 세금의 위력을 감안할 때 증세는 '호랑이 목에 방울 달기'가 될 수 있고 또 그래야 한다. 언제 어느 때나 정치는 국민을 두려워해야 하고, 그들에게 있어 '얼마든지 세금을 늘리라는 국민'처럼 무섭고 불편한 존재도 찾기 힘들다. '진짜' 세금폭탄을 얻어맞는 복지강국의 국민은 사소한 낭비나 비리에도 냉혹한 심판을 내린다. 한국 국민도 만만찮은 세금 출혈을 감수한다면 복지가 잘 굴러가는지, 정치인들이 일을 똑바로 하는지 '날마다 일상에서, 그냥 저절로, 두 눈을 시퍼렇게 뜨고' 지켜보게 된다. 돈이 아까워서라도 정치에 대한 단속을 게을리하기 어려워진다. 결국, 조세저항을 극복한 국민의 등장은 한국의 구태 정치인들에게 청천벽력 같은 소식이다.

물론, 세금이 폭증해야만 불량 정치인들이 철퇴를 맞고 정치 선진국으로 발전하는 것은 아닐 것이다. 그러나 고질적인 정치 후진국 한국에서 정치를 제자리로 돌려놓고 또 그 상태를 유지하기 위해 세금은, 이미 앞선 국가들에서 검증을 마친, 더할 나위 없이 확실한 대안이다. 평범한 소득층마저 '살벌하게' 세금을 내고 대다수 인생의 성패가 복지의 성패에 달려 있다면, 이것은 분명 우수한 정치를 안착시키는 단단한 기반이 된다.

복지 선진국으로부터 잘못 배운 신뢰의 교훈

복지가 본격 화두로 떠오른 이후 적잖은 한국인들이 상황을 봐서 증세에 대한 가부를 달리하겠단 의사를 피력해왔다. 덮어놓고 반대가 아니라 정치인들이 싸움도 않고 일도 잘하고 도덕적으로도 뭐 하나 빠질 게 없어야만, 아니면 세금이 복지로 온전히 돌아와야만, 또는 무슨 무슨 조건이 선결돼야만 증세 거부를 철회할 수 있다는 것이다. 이 같은 '비판적 증세 지지론'은 정치권이 일신하는 데 일부 긍정적 기여를 하기도 한다. 그러나 정치와 복지의 발전을 지연시키는 역효과가 이를 넘고도 남는다.

오연호 《오마이뉴스》 대표는 덴마크를 집중 취재하고 『우리도 행복할 수 있을까』를 집필했다. 그는 "내가 낸 세금이 제대로 쓰여서 나 개인에게도 혜택이 온다는 체험을 늘려가는 게 증세 저항감을 줄이는 지름길"이라고 지적한다.[1] 맞는 말이다. 하지만 이 같은 '정답'은 무책임한 정치의식의 발로이기도 하다. 대체 얼마나, 언제까지 복지를 체험해야 다수 시민이 쌍수를 들며 세금 인상을 받아들일 수 있다는 걸까? 그에 대한 진득한 고민 없이 그저 막연하게 복지 확대가 증세 지지를 넓힐 것이란 세간의 기대는 조세저항이 지속되는 시류와 맞닿아 있다. 오 대표 등이 논하는 대로 소극적인 정치의식에 머무른다면, 정치는 조세저항을 이유로 증세를 회피하고 국민은 정치 불신을 이유로 증세에 냉담한, 쳇바퀴 답보 상태를 벗어나기 어렵다.

흔히들 말하길 세금이 무거운 북유럽에서 조세저항이 미미한 것은 그것이 올곧게 쓰인다는 믿음 때문이니, 우리에게도 신뢰 회복이 급선무라 한다. 하지만 이렇게 자명한 생각은 현실에서 무기력한 태도로 귀착된다. 한국에서도 그네들처럼 신뢰가 쌓이길 기다리는 건 그게 언제일지 아무도 모르는, 마냥 기다리다간 끝도 없이 기다릴 가능성이 농후한, 대책 없는 바람에 지나지 않는다. 조세저항을 극복하는 지름길은 몇몇 복지를 맛보기로 받아먹는다고 열리는 게 아니다. 점점 더 많은 시민들이 전폭적인 복지 증세를 적극적으로 요구하고 이러한 움직임이 연대를 향한 다수 국민의 열망을 끌어올릴 때, 증세 반감을 해소함은 물론 신뢰 사회를 앞당길 수 있다.

이때 한 가지 유념해야 할 사항이 있다. 늘어난 세금으로 복지를 강화할 때는 방향과 짜임새가 중요하다. 수많은 복지 일자리와 모든 국민의 일상이 서로 긴밀하게 연결된 사회구조를 조직해야 한다. 노동연령층에 대한 소득 지원을 소홀히 하지 않는 복지도 중요하다. 이러한 복지 체계에서 납세의 주 대상인 현역 세대는 그들의 삶에 미치는 세금과 복지의 영향력을 간과할 수 없게 된다. 바로 이런 사회에서야말로 양질의 복지가 지속될 수 있고, 이는 곧 정치의 수준이 높아졌음을 의미할 것이다.

조세저항을 멈추지 않는다면 우리 사회엔 정치에 대한 신뢰, 세금이 복지로 돌아온다는 신뢰가 쌓이기 어렵다. 선제적으로 조세저항을 물리치고 과감한 보편 증세를 요구해야 한다. 그리고 그 세금으로 무엇을 할 것인지 뚜렷한 목표를 가지고 있어야 한다. 이때야 비로소, 해묵은 정치 불신을 씻어내고 해롭기 그지없는 조세저항을 항구적으로 극복할 수 있다.

'낙수효과'와 '부자증세'는 거울에 비친 듯 닮아 있다

'낙수효과'의 기본 논리는 부자가 막대한 부를 자유로이 쓰도록 내버려둘 때 이들의 소비와 투자가 늘어나 나머지의 후생이 증대된다는 것이다. 반대로 '부자증세'는 낙수효과란 허구이므로 부자의 막대한 부를 세금으로 걷어 유용한 곳에 써야 한다는 입장이다. 이처럼 낙수효과와 부자증세는 서로 상반된 주장을 한다. 하지만 이는 표면적인 대립일 뿐 실제로 이 둘은 공통된 성격과 목표를 가지고 있다. 조세저항을 기저에 깔고 고약한 '대기주의'를 종용하며 자잘한 세수 증대를 내세운다.

장제우의 세금수업

복지 발전이 관심사가 아니라는 점도 이들이 만나는 지점이다.

부자증세가 왼쪽 버전의 '수동적 대기주의'라면 낙수효과는 그 오른쪽 버전의 쌍둥이다. 우측에서 수동적 대기주의를 조장하는 이들은 '부자나 기업이 돈을 풀어야 일자리가 창출되므로 그때까지 사람들은 참고 기다리는 게 상책'이라고 주장한다. 복지를 명분으로 세금을 올리거나 하면 경제 활력을 해치니까 괜한 간섭은 삼가라는 것이다. 낙수효과가 실현될 때까지 이제나저제나 인내력을 발휘하는 것이 사람들이 지켜야 할 덕목이다.

낙수효과란 이름의 조세저항을 뒷받침하기 위해 근거가 박약하거나 협박이나 다름없는 논리까지 동원된다.

"분배는 성장을 저해한다."

"세금으로 일자리를 늘리다간 나라 망한다."

"일자리는 민간에서 나오지 정부에서 나오는 게 아니다."

"부자의 세금이 오르면 투자 의욕이 감퇴되어 일자리가 사라지고 애꿎은 서민만 피해를 입는다."

"부자와 기업이 투자를 확대해 경제가 성장하면 자연히 세수가 증가하니 (이렇게 늘어난 세금이 얼마 되지 않는다는 건 내 알 바 아니고) 억지로 세금을 인상할 이유가 없다."

이 모든 주장들을 관통하는 것은 (부유층의) 조세저항이고, 낙수효과의 출발점도 조세저항의 정당성을 보이는 것이다.

부자증세에 몰두하는 이들은 낙수효과와 반대 방향에서 시작하지만, 결론에서는 낙수효과와 똑같이 '수동적 대기주의'를 조장하고 (부자가 아닌 이들의) 조세저항을 옹호한다. 소수의 상위층만을 추궁하는 부자증세파는 '탐욕스러운 부자와 대기업이 내놓을 때까지 나머지는 나서지 말라'고 설교한다. 부유층에서 복지재원을 빼내 와야 사회정의가 실현되니 이에 어긋나는 행동은 자중해야 한다는 것이다. 이때는 부자증세로 조세 정의가 구현될 때까지 부자와 기업의 허물만을 욕하며 기다리는 것이 미덕이 된다.

부자증세파는 흔히 부자와 기업을 악랄한 수탈자로, 나머지는 순결하고 가련한 피수탈자로 묘사한다. 하지만 이는 허상이지 사실이 아니다. 물론, 부자와 기업에게 많은 과오가 있는 것은 사실이고 노블레스 오블리주가 됐든 뭐가 됐든 사회적 책무를 다하지 않는 것도 분명하다. 하지만 그렇다고 대다수의 한국인이 날마다 실천하고 있는, 나보다 조금이라도 약자를 착취하는 이기적인 생활양식이 가려지지는 않는다.

사실상 부자증세파는 복지는 팽계고 단지 부자의 세금을 올리는, 그 자체에 함몰된 성격이 짙다. 부자증세로 걷히는 세금으로는 강력한 복지를 구축하는 데 턱없이 모자라다는 사실이 이들에게는 하나도 중요하지 않다. 또한 이들은 보편 증세가 윤리적으로 옳지 않다고 비판한다. 이들이 보기에 모두가 세금 분담에 협력하여 복지를 강화하는 것은 서민과 중산층에 대한 강탈에 지나지 않는다. 이 같은 부자증세의 윤리를 맹종하다 보면, 연대를 추구하는 자유의지에 따라 같이 사는 세상을 앞당기는 데 일익이 되고 싶을지라도 부자가 아니라면 그것은 부도덕한 행동이 된다.

표면적으로 '낙수효과'와 '부자증세'는 대립하는 입장이다. 그러나 '가만 있으라'를 종용하여 사람들의 삶을 해친다는 측면에서 이 둘은 다르지 않다. 조세저항을 무리하게 두둔하기 위해 여러 가지 해로운 논리를 전파한다는 점에서도 서로 닮아 있다. 충분한 세금의 확보를 가로막으며 복지 발전을 방해한다는 점도 동일하다.

낙수효과가 부유층의 조세저항을 합리화한다면, 부자증세는 부자가 아닌 이들의 조세저항에 정당성을 부여한다. 여기에 중첩되어 조세 정의의 확립을 명분으로 하는 또 다른 조세저항 합리화 논리가 완고하게 형성돼 있다. 무작정 세금 인상에 반대하는 것은 옳지 않지만, 조세 정의가 미흡한 상황에서 증세를 거부하는 것은 지당하다는 논리이다. 물론 세금이 올바르게 걷히고 쓰이는 일은 이루 말할 수 없이 중요하다. 하지만 이를 절대적인 선결 과제로 내세우는 것은 도리어 조세 정의를 저해하는 발상이다. 누구나 증세에 동참하여 세금에 대한 주인의식이 고양될 때, '눈먼 돈'이 줄기 마련이고 '숨은 돈'도 드러나게 된다.

세금에 대한 여론조사를 보면 언제나 부자와 대기업을 타깃으로 한 '부자증세'가 압도적인 지지를 얻는다. 여기에는 내 돈은 허투루 쓰일지 모른다며 증세를 반대하는 이들이 부자의 돈은 그러거나 말거나 개의치 않는다는 의미도 담겨 있다. 이런 인식으로는 조세 정의에 불만을 갖는 이들이 흡족해할 만큼 그것이 개선될 리 만무하다.

세금과 복지의 증대에 찬성하지만 그러기엔 신뢰가 부족하므로 보편 증세는 불가하다는 이들은, 애초에 세금이나 복지를 내심 반기지 않는 이들과 자신들은 다르다고 여길 것이다. 그러나 종내에는 양측의 입장이 만나 서로 의기투합을 한다. 한국에서는 오직 각자도생만이 살길이라는 생각을 간직한 채 말이다.

장제우의 세금수업

우리가 복지 선진국에서 배울 것은 무엇인가

"스웨덴은 세금을 올리겠다고 해도 선거에서 이길 수 있는 몇 안 되는 국가입니다." 라르스 다니엘손 전 주한 스웨덴 대사가 어느 강연에서 한 말이다.[2] 2014년 스웨덴 총선에서 당시 야당이었던 사민당은 식당 등 서비스업계의 부가가치세 인상, 기업의 사회보장기금 분담액 인상, 우파 정부가 폐지했던 부유세와 거주 목적 부동산세 부활 등 각계각층을 아우르는 증세를 공약으로 내걸고 정권 교체에 성공했다. 사민당의 증세 공약이 인기를 얻자 감세정책의 선봉이었던 집권 여당에서 뒤늦게 주류세·차량탄소세 인상안을 발표했을 정도다.[3]

국민의 세금 인상을 주저 없이 공론화하고 복지를 발전시키는 나라는 바람직하고 건강한 사회다. 이와는 반대로 중산층과 서민에 대한 증세를 두고 거론 자체를 금기시하며 복지를 늘리려는 나라는 불온하고 병든 사회다. 부자가 아닌 이들의 증세를 감히 입 밖에 냈다가는 선거에서 필패라는 인식이 한국에서는 마치 상식인 양 통용된다. 보편 증세가 얼마나 이로운지 아예 대화가 막혀 있는 한국의 현실은 분명 정상이라고 볼 수 없다. 조세저항이라는 소통의 장애물을 넘어 국민과 정치가 증세에 대한 교감을 나눠야 한다. 계층과 세대를 잇는 연대의 활로를 그렇게 뚫어야 한다.

기실, 대중의 생각은 과거와 많이 달라진 지 오래다. 새로운 사회에 대한 바람도 진작부터 품어왔다. 2004년《한겨레》 조사[4]에 따르면 '앞으로 우리 사회가 어떤 방향으로 나아가는 것이 더 바람직하냐'는 물음에 대해 미국식 자유민주주의가 39.2%, 북유럽식 사회민주주의는 44.8%로 나타났다. 같은 조사에서 '경제성장'과 '소득분배' 중 무엇이 우선해야 하는지 물었을 때 경제성장이 68.9%, 소득분배는 29%로 경제성장이 두 배가 넘는 우위를 점했다. 2010년의 유사한 조사[5]에서는 양상이 사뭇 달라진다. 한국 사회가 지향해야 할 구체적인 사회상에 대해 67%가 북유럽식 복지국가를, 24.2%가 미국식 신자유주의 사회를 선호한다고 대답했다. '경제성장과 복지강화(소득분배) 중 무엇을 우선시해야 하느냐'고 물었을 땐 48.3%가 경제성장을, 47.5%는 복지강화(소득분배)를 꼽았다.

일반의 인식이 오래전에 변했다는 것은 복수의 조사에서도 동일하게 나타난다. 2006년 한국사회여론연구소[6]에 따르면 '더 안정적인 성장을 위해서는 분배가 우선되어야 한다'가 37.7%, '더 많은 분배를 위해서는 성장이 우선되어야 한다'가 56.8%로 조사됐다.《한겨레》의 2004년 조사처럼 뚜렷한 성장 우위를 보여준다. 하지만 2012년 현대경제연구원의 조사[7]에서는 '성장과 분배 중 어디에 정책우선순위를 두기를 원하십니까?'라는 질문에 대해 성장 51.2%, 분배 48.8%로 나타났다.

장제우의 세금수업

《한겨레》의 2012년 조사[8]에서도 '성장과 경제발전'이 45%, '양극화 해소 및 분배'가 47.6%로 성장 우위는 사라졌다. 2010년을 즈음해 변화한 한국 국민의 인식은 최근까지도 이어지고 있다. 2016년 현대경제연구원에서 2012년과 동일한 질문으로 조사한 결과[9], 분배(55.9%) 우선이 성장(44.1%)보다 높게 나왔다. 《한겨레》의 2017년 조사[10]도 마찬가지로 '양극화 해소 및 공정한 분배'에 주력해야 한다는 응답이 54%인 반면, '성장을 통한 경제발전'은 41.9%에 그쳤다.

이처럼 대중의 생각은 이미 10여 년 전에 달라졌다. 사람들이 분배와 성장을 정말로 대립항으로 보고 있는지는 의문스러우나, 유의미한 변화가 일어난 것은 분명하다. 하지만 이 변화는 더 나은 사회를 향한 열망으로 승화되지 못했다. 열망이 없으니 사람들의 삶도 이렇다 할 변화가 없었다. 앞서 알아본 갤럽월드폴의 '삶의 질 평점'에서 한국의 추이를 살펴보면, 2000년대 중반이나 2018년이나 한국인들이 매긴 점수는 별 차이 없이 저조하다. 성장과 분배를 바라보는 사람들의 생각은 큰 폭으로 변했지만, 실제 삶을 바라보는 인식은 그대로인 것이다.

출산율의 측면에서는 상황이 더욱 악화되고만 있다. 2017년 1.05로 최저치를 찍었던 합계출산율은 2018년 0.98로 다시 바닥을 뚫고 들어갔다.[11] 2019년에는 이보다 더 떨어진다는 것이 3분기까지의 추세다.[12] OECD 자료는 2017년까지만 업데이트된 관계로 한국이 기록한 0점대 출산율이 아직 등재되지 않았다(2019년 12월 24일 검색한 결과이다). 수치가 반영되면 한국은 OECD 최초의 0점대 출산율 국가로 역사에 남게 된다.

출산율을 가지고 집권 정부에 대한 성과를 평가하는 것은 비약이라고 생각한다. 하지만 엄청난 격변을 겪으며 국민이 직접 정권을 손에 쥐어주었음에도 불구하고 이 수치가 상승은커녕 하락 일로를 걷는다는 게 찜찜한 것도 사실이다. 촛불 혁명 이후 감방으로 향한 두 전직 대통령 시절에 비해 국민이 체감하는 삶의 질은 정체 상태이고 출산율은 더 떨어졌다. 물론, 정부나 사회 전체적으로 보면 전임 시절에 비하면야 그래도 조금이라도 나아졌다는 것이 온당한 평가라고 생각한다. 정권이 바뀌었다고 삶과 사회가 확 바뀌기를 바라는 것은 과욕인 측면도 있다.

문제는 현 정부 여당에게 미래에 대한 계획이 없다는 것이다. 국제적으로 볼 때 한국의 가장 부실한 분야 중 하나는 조세와 복지인데, 현 정부 여당의 가장 취약점 중 하나도 바로 이 분야다. 장래 한국의 세금과 복지를 어떻게 발전시킬 것인지 개연성 있는 구상이 나온 게 없다. 앞으로 세금과 복지가 몰라보게 나아질 것이라는 기대를 사람들에게 전혀 주지 못하고 있다. 세금과 복지는 사회구조의 문제이자 삶에 직결되는 제도

이므로 이 부문에 대한 기대가 미약하면 실제로 내 삶과 사회가 나아질 것이라는 기대도 위축된다.

복지에 우호적인 입장을 가진 최대 정파가 제자리를 찾고 중심을 잡아야 한다. 나의 삶도, 그리고 타인의 삶도 세금과 복지를 활용한다면 정말 달라질 것이라는 확실한 근거를 제시해 줄 수 있어야 한다. 지금부터는 현 정부 여당의 세금과 복지에 관련한 실책들을 짚어보고 그 개선점을 고민해보고자 한다.

인간의 존엄한 연대심을 억압하는 정치

2013년과 2015년 박근혜 정부는 연말정산 세법개정과 관련하여 때아닌 증세 논란으로 홍역을 치렀다. 당시 야당이던 민주당은 세금폭탄 저지 장외투쟁까지 개최하며 집중포화를 퍼부었다. "중산층과 서민을 벼랑으로 내모는 증세", "중산층 서민 살상용 세금폭탄", "중산층 서민 다 때려잡자는 것" 등의 갖은 미사여구가 터져 나왔다.[13] 문재인 대통령도 2015년 당대표 시절 연말정산 관련 세법 통과를 막지 못한 일에 사과하고, "당시 오랫동안 반대했고 심지어 장외투쟁까지 했었지만 의석 수가 부족해 막지 못했다"며 읍소한 바 있다. 당시 문 대통령은 "가난한 봉급쟁이들의 세금을 크게 올렸다"며 박근혜 정부를

비판하고, "서민 중산층 증세는 자제해야 한다"고 강조했다.[14]

　이 같은 입장은 집권 이후에도 이어지고 있다. 문 대통령은 취임 2개월을 맞았을 때 "증세를 하더라도 대상은 초고소득층과 초대기업에 한정될 것"이며, "일반 중산층과 서민들, 중소기업에게는 증세가 전혀 없을 것"이라고 밝힌 바 있다. "이는 5년 내내 계속될 기조"이니, "중산층과 서민, 중소기업이 불안해하지 않도록 해달라"는 당부도 덧붙였다.[15] 그렇다고 문 대통령의 증세 화살표가 초고소득층과 초대기업으로만 향하는 것은 아니다. 그는 "대기업과 부자들의 세 부담부터 늘리고 그래도 부족하다면 국민의 동의를 얻어서 보편 증세로 나가는 것이 순서"라는 입장을 가지고 있다.[16] 보편 증세로 나아가는 시기가 언제일지는 아무도 모른다는 맹점이 있기는 하나, '선 부자증세, 후 보편 증세'는 종종 볼 수 있는 단계적 증세론의 하나다.

　문재인 대통령이 '초고소득층과 초대기업'에 대한 증세를 언급하자, 추미애 당시 민주당 대표는 이에 대해 "초대기업과 초고소득자 스스로 명예를 지키며 사회적 책임을 다하는 '명예과세'"라고 명명했다. 김태년 당시 정책위의장은 "법인세 더 내면 기업이 사랑받을 수 있으니 '사랑과세'가 어떠냐"고 말했다. 그는 "초고소득자 증세로 세금을 더 내면 부자들이 국민으로부터 존경받는 '존경과세'는 어떠냐"고도 덧붙였다.[17]

장제우의 세금수업

나는 이들의 말에 공감하지 않는다. 내가 바라는 사회는 돈이 없어도 누구나 병을 고치고 공짜로 대학원까지 갈 수 있는 복지강국이 아니다. 그렇게 풍성한 삶의 자유가 모두에게 보장되기 위해 모두가 성큼 자기 몫을 내어놓는 나라가, 내가 희망하는 세상이다. 그러한 복지 권리가 모두에게 부여되기 위해 일부 부유층만이 그 밑천을 내놔야 한다고 다그치는 나라는 별 울림도 끌림도 없다.

나는 이제껏 가난한 이들까지 번듯한 집에서 살 수 있는 그런 복지를 원한 적이 없다. 노인들에게 80~90만 원씩 노후연금을 지급하는 복지국가 또한 내가 그려온 세상이 아니다. 요람에서 무덤까지 온갖 혜택을 선물해주는 나라가 아니라, 누구나 인간다운 삶을 살 수 있도록 누구든 힘을 보태는 나라야말로 내가 희망하는 세상이다. 부자가 아니면, 나눔과 연대를 일단 모른 척하라고 닦달하는 사회는 흉하고 슬프다.

더 많이 나누고, 더 많이 연대하며 살고자 하는 인간의 자유의지는 더 가진 이든, 덜 가진 이든 다 같이 대등하고 소중하다. 세금을 더 내고 복지를 늘리는 일에 부자가 아니니까 빠지라는 주문은, 빈부와 무관하게 고결한 이타심과 희생정신을 가진 모든 인간에 대한 모독이다. 한국인들도 사람인데, 그래서 내 몫을 더 내어놓고 같이 살고픈 욕망을 품고 있을 텐데, 한국에는 그런 인간다운 본성을 거세하려는 자들이

판을 친다.

먼저 대단한 상류층으로 성공부터 하라고, 그래야 세금을 더 낼 명예도 존경도 얻는 거라고 차별하는 자들이 득세한다. 세상이 아무리 삭막하게 시들어가도 무슨 갑부가 아니라면 그저 자기 것을 꽉 부여잡고 있으라고 쪼아대는 자들이 난무한다. 당신들은 부자가 아니니까 나누고 연대할 자격이 없는 거라고 천시하는 자들이 권세를 누린다. 그토록 집요한 혹세무민에 파묻힌 한국인들은 그들도 인간이기에 지닌 존엄한 연대심을 끊임없이 억눌리며 살아간다.

부자증세를 미화해 조세저항을 조장하는 정치

나는 부자증세가 무조건 해롭다고 말하려는 게 아니다. 부자증세와 보편 증세에 대한 여론을 감안할 때, 이른바 '핀셋 증세'를 선행하고 이후 폭넓은 증세를 도모하는 것은 현실적인 대안이 될 수 있다. 그러나 부자증세 우선론의 이면에는 자칫 연대의식을 고사시킬 크나큰 위험이 도사리고 있다. 현 정부 여당은 이런 역작용에 대해 전혀 고민하지 않는 행태를 보여왔다. 연대의식이 퇴화된 한국의 현실을 감안할 때 매우 부적절한 처신이다. 정치인들이 부자증세를 강조하고 부유층에

장제우의 세금수업

게 더 많은 책임을 묻는 것은 일면 그들의 책무 중 하나이다. 하지만, 그것이 결국 국민 대다수로 하여금 서로 보듬는 삶을 팽개치라고 등을 떠미는 것은 아닌지, 상시 경계하는 자세를 지녀야 한다.

정치인들은 여론의 향방과 선거 결과에 민감한 직업이다. 다수에 대한 증세를 포기하고 핀셋이라도 집어드는 것은 이해의 여지가 충분히 있다. 나 역시 연구자로서 보편 증세의 무수한 장점을 거론하지만, 내가 만약 정치인의 입장이라면 섣불리 보편 증세 이야기를 꺼내지는 못했을 것이라 짐작한다. 종종 보편 증세를 주장하는 이들은 선거 결과에 초월하여 정치인이 결단을 내려야 한다고 말하곤 한다. 속 편한 생각이다. 그게 그렇게 말처럼 쉬웠다면 증세 문제로 골머리를 썩을 나라는 하나도 없을 것이다. 하지만 이것이 서민과 중산층의 증세 사안에 정치가 손을 놓고 있어도 괜찮다는 말은 아니다. 당장의 증세는 어렵더라도 이를 위한 정지 작업을 철저히 해야 한다. 정직하고 냉철한 주제 파악은 이 정지 작업의 첫 단추이다.

현 정부 여당은 부자증세를 감행하며 여러 명분을 내세웠다. 조세정의 실현, 조세형평성 제고, 공정한 과세, 명예로운 과세, 존경과 사랑을 받는 과세 등 온갖 입발림이 부자증세를 수놓았다. 그러나 이는 이들 정치인이 솔직하지 못한 집단임을 반증한다. 이들이 소수의 부유층을 표적 삼는 첫째 이유는 다수 국민의 증세 반감을 누그러뜨리기엔 그 역량이 모자라기 때문이다. 정치권의 증세 낌새를 바라보는 대중의 눈초리가 매섭기에 당장 매는 맞지 않을 부자증세에 천착하는 것이지 지고지순한 목적의식을 갖고 홍길동을 자처하는 게 아니다.

정부 여당의 말처럼 부자의 세금이 느는 것이 명예로운 일이라면, 부자가 아닌 이들의 세금이 느는 것은 백 배는 더 명예로운 일이다. 민주당의 부자증세 논리를 따라간다면, 이들은 부자의 세금만 올림으로써 단지 그들만 명예와 존경을 얻게 했으니 나머지 국민에겐 송구하기 그지없다고 사죄를 해야 맞다. 보편 증세를 단행하고도 지지를 얻을 수 있다는 것은 대중으로부터 유능함을 인정받았음을 의미한다. 이 말은 곧 부자증세를 포장할 땐 하더라도 보편 증세를 등한시하는 연유에 대해 그것을 있는 그대로 밝힐 필요가 있다는 것이다. "저희가 아직 역량이 모자라 다수 국민의 세금을 올리자고 하기엔 면목이 없습니다. 더 열심히 하겠습니다." 보편 증세의 성공으로 가는 첫 단추는 이처럼 솔직한 성찰로부터 시작될 수 있다.

냉철한 주제 파악은 올바른 현실 인식과 맞물려야 한다. 한국은 사회연대가 너무 허약하다는 고질병을 가지고 있다. 각박한 세태는 어제오늘의 일이 아니다. 이런 상황에서 부자증세는 나머지 구성원을 연대의 주체에서 배제시키며 연대심을 약화시키는 해악이 있다. 한데 정부 여당은 부자증세를 합리화

장제우의 세금수업

하는 데만 급급했지, 자신들의 언행이 다수 국민의 조세저항을 부추기고 사회연대를 해친다는 생각은 추호도 하지 않았다. 또한, 보편 증세에 나설 만한 능력을 인정받지 못해 부자증세에 열중하면서도 이를 철저히 숨김으로써 부실한 사회연대의 주원인이 바로 본인들임을 자성하지도 않았다.

부자증세는 당연히 할 수 있는 일이고 그럴싸한 명분을 덧씌우는 것도 그 자체는 흠이 아니다. 그러나 이를 추진하는 정치집단이 기본으로 전제해야 할 주제 파악과 현실 인식을 빠뜨린다면, 그런 부자증세는 심각한 부작용을 내포한다. 부자증세를 강조하는 정치인들에게 가장 절실한 덕목은 모두의 연대와 증세를 호소할 수 없는 그 역량 없음에 부끄러워할 줄 아는 것이다. 부자증세를 넘어 보편 증세를 성공시키기 위한 정지 작업은 여기로부터 시작해야 한다.

국민의 살림살이를 걱정하기에
세금을 올릴 수 없다는 위선의 정치

2015년 박근혜 전 대통령은 "국민 부담을 최소화하는 가운데 복지를 공고히 하는 방안이 무엇보다 중요하고, 국민에게 부담을 드리기 전에 정치가 할 도리를 다해야 하며, 경제 활성화를 위해 최선을 다하지 않고 세금을 더 걷어야 한다면 그것은 정치 쪽에서 할 소리가 아닐뿐더러 국민을 배신하는 것"이라고 말한 바 있다.[18] '연말정산 증세 논란'으로 여론이 들끓자 이를 진화하는 과정에서 나온 발언이었다.

저 발언에만 한정하면 틀린 게 하나도 없어 보인다. 그 나름대로는 국민을 진정으로 염려하는 애틋한 마음을 가졌다고 볼 수도 있다. 그러나 이런 언사는 정치권의 고질적인 허언 중 하나다. 한국인 다수의 삶이 고단하고 미래가 불안한 것은 세금과 복지를 활용하지 못하고 제각각 자구책을 찾고 있기 때문이지, 부담스러운 세금 때문이 아니다.

보편 증세의 필요성을 절감하는 이들 중에는 박근혜 정부의 연말정산 세법 개정을 호평하는 이들이 적지 않다. 하지만 앞뒤 가리지 않는 상찬은 주의해야 한다. 기술적으로 보면 누진적인 보편 증세를 추구했으니 좋은 평가를 해야겠지만, 단지 그것이 전부가 아니다. 폭넓은 지지를 받는 보편 증세를 이뤄내려면 세금과 복지에 대한 바른 철학이 기술적인 요인보다 훨씬 중요하다. 그동안 보수 세력이 세금과 복지에 대해 쏟아내온 악담들은 그들의 빈곤한 철학을 여실히 보여준다. 박 전 대통령의 저 유명한 '증세와 배신' 발언도 그 연장선상에 있는 언행이고, 이런 식의 보편 증세는 따라야 할 선례가 아니다.

정말 심각한 문제는 박 전 대통령 식의 '선의로 포장된 기만'이 한국 정치권 전체의 행태라는 점이다. 국민에게 복지 부담을 전가하는 건 도리가 아니라던 박 전 대통령의 지극한 국민 걱정에 대해, 당시 야당이던 민주당은 그 부분에는 동의하지만 버젓이 서민 중산층 증세를 해놓고 어디서 발뺌하느냐는 비난을 퍼부었다. 당시 야당의 당대표였던 문 대통령은 박근혜 정권이 "가난한 봉급쟁이의 세금을 크게 올렸다"라며 통계적으로도 맞지 않지만 철학적으로도 형편없는 언사를 연발했다. 현 정부 여당이 세금과 복지 분야에 대해 얼마나 취약한지 잘 보여주는 사례다.

한국의 정치판에는 진정성을 높이 평가하는 시류가 있다. 하지만 세금과 복지에 대해서는 전혀 이 덕목을 따지지 않는다. 개인적으로는 진정성이나 사명감 같은 것이 부족하여 이런 요소에 흥미가 없지만, 정치인들은 좀 다르기를 바란다. 한국의 복지를 진일보시키려는 꿈을 가진 정치인이라면 "국민 여러분이 이렇게 많은 세금을 내주시면 죽을 각오로 인간다운 복지, 행복한 복지로 돌려드리겠다"라고 말하며 간청에 간청을 거듭해야 맞는 것이다. 조세저항이 무서워 차마 그렇게는 못 하겠다면, "안 그래도 빠듯한 서민과 중산층에게 세 부담까지 지울 수 없다"는 위선만은 자중해야 한다. 한국인들은 세금을 많이 내느라 고달픈 게 아니라 정확히 그 반대다. 이런 현실을 속이려 드는 염치없는 정치는 이제 그만 멈춰야 한다.

증세는

철학이다

보수정파의 역대 선거공약집을 보면 2012년 대선 때를 빼고는 '무상'과 선을 그어왔다. 2012년에도 복지정책의 기조는 무상복지가 아닌 생애주기별 맞춤형 복지에 있었다. 반면 보편복지를 강조하는 정치 세력은 복지는 무상이라는 사고관을 정립했다. '3무 1반' 같은 구호를 내걸고 무상복지의 대중화도 이끌었다. 시나브로 '무상○○'란 표현이 성행하게 됐지만, 무상을 물고 늘어지며 복지 증강에 딴지를 거는 이들뿐 아니라 복지 확대에 우호적인 이들로부터도 그에 대한 비판이 제기돼왔다.

무상복지는, 그것을 성토하는 이들과 별개로, 복지를 표상하기에 적합한 표현이 아니다. 우선, 처음부터 복지는 무상일 수 없다. 우리는 도로와 다리, 공원을 이용할 때 일반적으

장제우의 세금수업

로 개별 요금을 내지 않지만 무상도로, 무상다리, 무상공원 같은 말을 전혀 쓰지 않는다. 세금이라는 비용이 들어갔기 때문이다. 무상국방과 무상치안을 논하지 않는 것처럼, 무상보육이니 무상급식이니 구태여 무상이라는 사족을 가지고 왈가왈부할 이유는 조금도 없다. 공보육, 공공의료, 국공립 어린이집, 급식비 지원 확대 등으로 표현한다고 큰일이 나는 것은 아니다.

당당히 공짜복지를 누리는 법

무상복지가 절대 용납할 수 없는 그런 말은 아니다. 공공서비스 이용 시 추가 비용이 일절 들지 않는 경우 개인이 따로 내야 할 요금이 공짜나 무료, 무상이라고 설명될 수 있다. 또 헌법에도 '의무교육은 무상으로 한다'라는 조항이 있다. 오·남용이 아니라면 무상은 얼마든지 써도 되는 말이다(헌법의 무상 의무교육은 이것이 공짜란 뜻은 당연히 아니다. 무상복지라는 뜻도 아니다. 지정된 범주의 의무교육은 그 비용을 세금으로 충당하라는 규정이다).

복지서비스가 세금으로 결제되면, 일반 재화와는 달리 '탈상품화'되어 마치 공짜처럼 제공된다. 엄밀하게는 오류가 있는 표현이지만 이를 편의상 무상복지라 불러도 별문제는 아니다. 그러나 복지 제도를 대표하고 규정하는 상징으로 본다면, 무상복지는 허점이 많은 표현이다. 무상이라는 속성을 부각시킨들 복지의 값어치가 올라가는 것도 아니다. 오히려 그 반대에 가깝다. 복지가 값진 것은 무상이라서가 아니라 세금이라는 무거운 대가를 치르기 때문이다. 복지의 한 단면에 불과한 '무상'을 복지의 정수인 양 규정하는 것은 올바른 복지의 의미를 정립하는 데 하등의 도움이 되지 않는다.

더욱이 무상복지는 애초에 정치인들이 입버릇처럼 쓰기에는 부적절한 어휘다. 국민의 세금이 없으면 아무것도 할 수 없는 정치인들이 무상으로 복지를 제공하겠다 함은 마치 세금이 자기 돈인 양 왜곡할 수 있는 위험한 발언이다. 이러한 경솔함이 복지 강화를 환영하는 이들조차 그에 비판적인 시각을 갖게 했다.

무상은 자칫 복지를 '공돈 퍼주기'로 오도하게 만들 소지가 다분하다. 특히나 한국에서처럼 국민의 세금 인상에는 합죽이가 되면서 무상복지를 남발하면, 마치 복지란 것이 사탕발림으로 현혹하는 정치인들과 이에 부화뇌동하는 군중의 지각 없는 행태인 듯 몰아가기에 안성맞춤이다. 무상복지를 '공짜 파티'로 매도하는 이들이 유효하게 파고든 지점은, 복지는 마땅히 무상으로 해야 하고 그로 인한 세금 증가에 국민은 신경 쓸 필요 없다는 듯 표현했던 정치인들의 대책 없는 언행이다.

장제우의 세금수업

복지 선진국에서는 공짜로 대학을 다니고 공짜로 수술을 받았다고 아무렇지 않게 말하며, 공짜로 누리는 복지를 이상하다고 여기지 않는다. 그런 일을 위해 전 사회 구성원이 얼마나 많은 세금을 갹출하며 연대에 헌신하는지 명확히 인지하고 있기 때문이다. 복지에 상당하는 세금을 충분히 납부하고 있다고 국민 스스로 자부심을 가질 때, 복지를 공짜라 부르건 무상이라 부르건 전혀 상관없는 환경이 조성된다. 공짜냐 무상이냐를 따지는 게 무의미한 복지강국으로 가야 하지, 무상복지는 공짜복지가 아니라고 억울해하고 있을 일이 아니다. 정치가 국민에게 떳떳이 증세를 말하고, 국민이 그 책무를 당당히 받아들이는 사회에서 복지는 본래의 의미를 스스로 찾아간다.

보육은 국가가 무상으로 책임지는 게 아니라 모두가 분담하는 것

'모든 아이는 모두의 아이'. 1970년대 스웨덴에서 전국적으로 전파된 아동복지 및 보육복지의 표어이며 원칙이다. 이렇게 간결한 아동정책의 철학은 차별 없는 소중함, 서로가 연결됨, 공동체의 결속 같은 이미지를 연상시킨다. 우리의 아이들을 기르는 막중한 책임은 다 같이 분담해야 한다는 보육의 원칙도 직관적으로 다가온다. 육아처럼 중요한 현안을 각자 알아서 대처하기보다는 국가 단위의 협력으로 해결하는 것이 여러모로 이롭다는 실용주의적 계산도 엿볼 수 있다.

스웨덴의 1970년대는 다른 국가보다 한발 앞서, 오늘날과 같은 규모로 세금과 복지가 성장했던 시기이다. 이때 '모든 아이는 모두의 아이'라는 아동정책의 근본 이념을 확립한 스웨덴은, 어린이집을 확충하는 한편 아동수당과 주택수당 등 자녀 부양가족을 위한 총체적 사회개혁을 진행했다.[1]

한국의 경우 보편복지 진영의 적극적인 선전에 힘입어 '무상보육'이란 말이 대중화됐다. 사실상 보육복지를 표상하는 용어로 쓰이고 있다. 무상보육은 양육 비용을 경감시켜준다는 기대 심리를 직접적으로 자극한다. 복지는 경제적으로도 수지가 맞을 때 성공할 수 있으므로, 이러한 심리 유발은 적극 권장할 일이다. 하지만 무상을 붙이지 않아도 복지가 이득임을 얼마든지 전달할 수 있다. 더욱이 보육복지를 대변하는 말이 무상보육이어서는 곤란하다.

일단, 무상보육이 시행되더라도 개별 이용료나 추가 비용이 발생하기에 무상은 맞는 말이 아니다. 무엇보다 복지란 어떤 의미인지, 왜 보육복지를 강화해야 하는지 무상보육에는 아무런 철학도 가치관도 깃들어 있지 않다. 보육은 국가에서 책임지고 무상으로 해야 한다는데, 그 과정에서 '우리'가 아이를

장제우의 세금수업

키우는 공동의 책임감은 온데간데없이 사라지고, 또 공보육 비용을 조성하는 데 분담할 몫이 '우리'에게 없는 것처럼 왜곡된다. 여기에 무상이라는 군더더기가 첨가되는 바람에 공연한 설전을 유발하기까지 한다.

내가 과문한 탓인지는 몰라도 복지가 발달한 나라에서 복지를 무상이라고 규정짓기 위해 갖은 애를 쓴다는 말은 들어보질 못했다. 복지는 원래가 무상도 공짜도 아니니까 애초에 그럴 수 없는 것이고, 복지에 대한 절묘한 문구는 그 장점과 철학을 국민에게 효과적으로 전달하며 복지 발전에 이바지하게 되므로 그처럼 안이하고 부정확한 표현에 매달릴 이유가 없는 것이다.

한국이 삶의 질 선진국으로 비상할 만큼 복지가 대대적으로 성장하려면 부득불 폭넓은 소득계층의 과감한 증세를 피할 수 없다. 자신들이야말로 무상복지, 보편복지의 적임자라고 자부하는 정치인들은 국민의 담대한 증세가 꼭 필요한 때에 가서도, "복지는 무상이니까 세금을 더 내셔야 한다"고 기초적인 문법부터 어긋난 주장을 펼 것인지 이제라도 돌아봐야 한다.

스웨덴 사민당의 수상을 지낸 잉바르 카를손은 복지정치의 역사를 통틀어 공공 재정과 개인 부담을 혼합한 복지 형태가 지속돼왔으며, 언제나 사람들은 보육이나 진찰 등의 복지 서비스를 이용할 때 개별적으로 일정 비용을 분담해왔다고 지적한다. 이 같은 방식으로 복지 재원을 충당하는 이유 중의 하나는 복지에 돈이 들어간다는 사실을 잊지 않도록 함으로써 조세 기반적 복지가 공짜로 인식돼 남용되는 것을 막기 위함이다.[2] 이는 한국의 무상복지 정치 세력이 개별 이용료를 일절 무시하는 등 복지에서 공짜가 연상되도록 유도하는 처신과 대비된다.

카를손은 복지 비용의 대부분이 반드시 조세로 충당되도록 해 각 납세자가 자신이 낸 세금으로부터 무언가 되돌려받는다는 느낌이 들게 해야 한다고 강조한다. 바로 그때 기꺼이 계속해서 세금을 낼 것이기 때문이다. 한국은 세금의 양이 절대적으로 모자라기에 도저히 조세만으로는 복지 비용 대부분을 감당할 수 없다. 이로 인해 세금에 대한 보람이 미미할뿐더러 복지의 질도 좋지 못하다. 또 그 때문에 증세에 반감을 갖는 악순환의 굴레에 갇혀 있다.

장제우의 세금수업

북구에서 전하는 세금과 복지에 대한 철학

올로프 팔메. 스웨덴의 손꼽히는 상류층 가문에서 태어났지만, 사민당의 수상을 역임하며 상류층의 미움을 샀던 정치 지도자이자 걸출한 사상가이기도 했다. 수상 재임 중이던 1986년 2월의 어느 저녁, 팔메는 지하철을 타고 부인과 영화를 보러 갔고, 극장에서 나온 뒤 평소처럼 경호원을 대동하지 않은 채 밤길을 산책했다. 그러곤 집으로 향하는 지하철역 입구에서 총격을 받고 암살당했다. 125개국의 조문단이 다녀간 팔메의 장례식에는 김대중 전 대통령이 과거 투옥됐을 때 구명 원조를 받은 인연으로 참석하기도 했다. 그의 한국판 전기를 집필하며 작은 나라 스웨덴의 거대한 역사를 알려주었던 하수정 씨는 정치의 본래 의미에 가장 가까운 나라 스웨덴에서 가장 존경받는 정치인이 올로프 팔메라고 전언한다.[3]

삶의 질에 대한 관심이 지대한 관계로 세금과 복지에 중점을 두는 연구자 입장에서, 올로프 팔메는 기념비적인 인물이다. 팔메의 집권기에 스웨덴은 세금과 복지를 역사적으로 폭증시키며 소위 '고부담·고혜택'이라는 전인미답의 길을 열었다. 이후 여타 국가들이 스웨덴을 뒤따라가는 모양새가 펼쳐졌다. 1976년 스웨덴은 국민부담률이 42.7%를 기록하며(1975년은 38.9%) 본격 OECD 선두로 뛰어올랐다. 동시에 그해 9월 선거에서 팔메가 이끄는 사민당이 무려 44년 만에 실각하는, 또 다른 역사적 사건이 벌어지기도 했다. 하지만 우파 연정기에도 스웨덴의 총세금은 지속적으로 늘어 OECD 1위를 유지했다.

팔메의 재임기에 교육부와 주택부 장관을 역임한 잉바르 카를손은 그의 후임으로 국정을 이끈 사민당의 정치인이다. 카를손은 저서 『사회민주주의란 무엇인가』를 통해 복지와 세금에 대한 자신의 철학을 피력한 바 있다. 앞길을 개척한 이들의 철학은 무엇인지 소개하고자 한다.

자신의 고유한 생활경로를 선택할 수 있는 자유가 존재하려면 일정 수준의 경제적 안정 그리고 의료, 교육 같은 필수적인 서비스에 대한 이용이 필요하다. 그리고 평등은 자유의 이러한 전제조건들이 모든 시민에게 충족되어야만 가능하다. 그런데 이러한 평등 그리고 또한 자유를 보장하기 위해서는, 우리 모두가 시민으로서 이러한 전제조건들을 연대적 방식으로, 다시 말해 우리의 세금을 통해 이를 위한 재정을 마련하는 방식으로 보장하는 것이 반드시 필요하다… 복지 정책의 중요한 목적 중의 하나는 사람들이 여러 가지 이유, 이를테면 질병, 실업, 노령 등의 이유로 자신의 생활을 유지할 수 없을 때 생활보장을 하는 것이다. 하지만 복지정책은 자아발전을 위한 기회를 제공하는 문제이기도 하다. 즉 교육과 훈련의 기회, 크게 다친 사람들을 위한 재활기회, 가정 생활과 직장생활을 동시에 가능하게 하는 보육기회 등은 육체적 장애 등을 가진 자까지 포함한. 독립적인 생활을 원하는 모든 사람을 지원한다(카를손, 잉바르·린드그랜, 안네마리네 2009/1996: 137~138).

카를손에 따르면 복지는 단순히 어려운 이들의 생활보장을 넘어 자유·평등과 같은 보편적 가치의 실현 수단이자 자아성장의 기회를 제공하는 것이다. 필자의 언어로 다시 쓰면, 복지제도라는 '사회계발'이 성공적일 때 개인의 '자기계발'도 한층 탄력을 받는다. 복지가 의도하는 바는 개인의 노력이 필요 없다는 게 아니다. 한 사람 한 사람의 '노력'이 '노오력'에 그치지 않고 개인과 사회 모두에 합당한 성과로 이어질 수 있는 기반을 구축하는 것이 바로 복지다.

우수한 복지제도를 완비한 사회에서 자기 혁신과 자아발전에 진주하는 개인이 더욱 많아지게 된다. 그리고 이런 일이 실현되기 위해서는, 카를손의 말처럼, 일찍이 팔메가 보여줬던 것처럼, 모두가 참여하는 연대적인 방식, 즉 세금을 적극적으로 활용해야 한다. 카를손은 보편복지를 추구하는 취지와 이유도 명료하게 제시한다. 그의 저서를 다시 보자.

보편적 복지정책의 근본이념은 간단하다. 복지개혁을 통해 모든 사람이 혜택을 본다면, 모든 사람은 자신들을 위한 재정 확보에 동참하는 것에 관심을 가지게 된다는 것이다. 그리고 모든 사람들이 기꺼이 돈을 지불한다면, 우리는 훌륭한 사회보험체계와 사회서비스를 유지할 수 있는 자원을 가질 수 있게 된다. 이것은 경제적으로 더 약자인 사람들에게 많은 혜택이 돌아가는 것이다(카를손. 잉바르 · 린드그랜. 안네 마리네 2009/1996: 140).

그러니까, 보편적으로 많은 세금을 뜯어내려고(!) 복지도 보편적으로 한다는 것이다. 보편복지의 이념이란 게 단순하면서도 적나라하다. 풍성한 세금이 있어야 뛰어난 복지가 가능하므로, 카를손은 전체 국민에게서 가급적 많은 세금을 뽑아내겠다는 반서민적 증세 의지를 노골적으로 내비친다. 스웨덴의 이 무엄한 정치인은 취약계층에 치중하는 선별복지에 반대하는 이유에 대해 다음과 같이 설명한다.

복지정책에서 하나의 중요한 원칙은 전반적으로 보편적이어야 한다는 것이다. 즉 '자산조사'를 해서 가장 어려운 사람들만을 대상으로 급여를 제공하는 것이 아니라, 모든 국민에게 평등하게 혜택을 제공하는 것이다… 일부 경우에 급여

장제우의 세금수업

는 자산조사를 거쳐서 지급된다… 이것은 더 개별적인 욕구들을 충족시키기 위해 도입되었다. 예를 들어 충분한 소득이 없는 가정에 주택보조비를 지급하는 것, 자주 병을 앓는 사람들에게 약값과 의료비를 특별히 보조하는 것 등이다….

그런데 특히 자원이 한정되어 있을 경우 저소득자와 실업자에게만 급여를 지급하는 것이 더 낫다는 견해가 종종 사회민주당 내에서도 제기되었다. 이런 방법으로 하면 어려운 사람들을 집중적으로 지원할 수 있고 그들이 원하는 것들을 실제로 보장해줄 수 있다는 것이다. 그런데 이러한 주장은 소득이 많고 어떠한 사회적 혜택도 받지 못할 것 같은 사람들이, 가장 어려운 사람들을 대대적으로 지원하기 위해 기꺼이 세금을 낼 수 있을 것이라고 가정하고 있다. 하지만 많은 경험들은 일이 이런 식으로 돌아가지는 않는다는 것을 말해주고 있다. 오히려 많은 연구들은 보편적 복지시스템이 자산조사를 중시하는 복지시스템보다 실제로 더 많은 혜택을 사회적으로 어려운 집단들에게 제공하고 있다는 것을 보여주고 있다.

만약에 가장 어려운 사람들만이 아동수당, 무상의료 또는 무상교육의 혜택을 받는다면, 나머지 사회집단들은 그러한 혜택이 가능한 한 값싸게 지급되는 데 관심을 가질 것이다. 그들은 온갖 이유를 들면서 급여의 비용을 줄이려 할 것이다. 왜냐하면 이 급여는 자신들은 받지 못하는 것이고, 또 여기서 제공되는 서비스의 질이 나쁘다고 해도 자기들에게 직접적인 영향이 미치지는 않기 때문이다(카를손, 잉바르·린드그랜, 안네마리네 2009/1996: 139~141).

카를손이 말하는 바와 같이 개개인의 상황이 다르므로 그에 맞춘 유연한 선별복지가 필요하다. 한데 여기에만 자원을 집중할 경우 인지상정으로 복지 배제층으로부터 세금이 줄게 되고, 덩달아 복지의 질도 떨어지게 되므로 어려운 사람들에만 한정하는 복지시스템은 용인할 수 없다는 것이다. 보편적 복지 체제를 지지하는 이유를 뒤집어 선별적 복지 체제를 비판하는 것인데, 역시나 결론은 어떻게든 세금을 보편적으로 많이 걷기 위해 선별복지에의 치중은 반대한다는 이야기다.

스웨덴의 정치인들이 밝히는 세금과 복지에 대한 철학은 한국에서는 보기 어려운 말들이다. 특히 자유와 평등을 보장하기 위해 우리 모두가 시민으로서 연대적인 방식, 다시 말해 세금을 통해 재정을 확보해야 한다는 철학은 어찌 보면 상식적이면서도 어찌 보면 이질적이다.

『세금수업』의 마지막 전언은 세금에 대한 개념을 새롭게 정립하자는 것이다. 우리 모두를 위한 연대의 수단으로 세금을 바라본다면, 우리는 세금에 대해 지금까지와는 다른 논의를 할 수 있을 것이다. 그리고 이 새로운 소통은 우리의 삶을 더욱 풍요롭게 만들어줄 것이다.

죽음과 세금은 누구도 피할 수 없다는 말이 있다. 피하지 못해 억지로 내고 마는 세금이 아닌, 기꺼운 마음으로 낼 수 있는 세금이라면 그것만으로도 우리의 삶은 한결 나아질 것이다. 세금에 대한 생각이 완전히 달라진 사회, 그것은 바로 나와 당신의 세금이 우리 모두의 삶을 책임지는 사회다. 그러므로, 증세는 철학이다. 우리 삶의 가치관과 양식을 완전히 뒤바꿀 수 있는, 가장 근본적이며, 또 우리에게 가장 절실한 철학.

수업을 마치며

독자들께서는 이 책을 어떻게 읽으셨을지 모르겠다. 짐작
컨대 가장 일반적인 반응은 이런 게 아닐까 한다. "좋은 얘기긴
한데…. 우리나라에선 아마 안 될 거야." 실제로 사람들과 『세금
수업』의 내용들로 대화하다 보면 이런 말을 많이 듣는다. "그런
게 어떻게 되겠어요, 한국에서."

사실 나는 쾌활하고 퉁명하게 대꾸한다. "맞아요. 안 돼
요, 한국에선. 이런 거 될 리가 없고요. 다만 이유라도 알고 살
았으면 좋겠어요. 지금 내가 그렇게 잘살고 있다는 생각이 들
지 않고, 미래도 그리 밝은 전망을 하지 못하고 있다면, 그 정
확한 이유가 무엇인지 알고라도 살자는 거죠."

내가 연구자로 살아가며 뚜렷해지는 생각 중의 하나는,
한국이 남부럽지 않은 복지국가가 된다는 것은 불가능이나 마

찬가지라는 것이었다. 공부하면 공부할수록 세금의 차원이든 복지의 차원이든 (완벽하진 않더라도) 한국보다 한결 우월한 나라와 한국 사이에는 너무 크고 많은 차이점들이 있기에, 이 간격이 좁혀질 것이라는 기대는 차마 할 수 없었다.

"아니, 그러면 이런 책은 왜 쓴 거야. 어차피 안 되는데!" 이런 생각이 드셨다면, 얄밉게도 바로 위에서 답변을 드렸다. 한국은 왜 이렇고, 힘든 사람은 왜 이렇게 많은지 이유라도 알고 살면 좀 낫지 않겠느냐고.

티끌만 한 희망의 단서를 전하면서 수업을 마치고자 한다. 박근혜 정부 시절 연말정산 파동이 불거졌을 때, 적잖은 사람들이 "한국에서 보편 증세는 불가능하다는 것을 확인한 순간"이었다며 탄식했다. 하지만 이후 2년 여의 시간이 흐른 뒤 조기 대선과 문재인 정부 출범 초기에 나온 여론조사는 증세 인식에 급격한 변화가 생겼음을 보여주었다. 2017년 4월 《한겨레》 조사[1]에 따르면 '더 나은 복지를 위해 세금을 더 낼 뜻이 있느냐'는 질문에 65%가 '그렇다'고 답변했다. 그 4개월 뒤, 문 대통령의 취임 3개월 후에 나온 《한겨레》 조사[2]에서는 같은 질문에 대해 71.7%가 동의를 표했다. 며칠 뒤 한국사회여론연구소의 조사[3]에서는 '양극화 해소와 복지제도확대를 목적으로 현재보다 세금을 더 부과했을 시 납부의향'을 물었을 때 75.2%가 의향이 있다고 답변했다.

이 세 가지 여론조사는 증세 의향 찬성률 중 역대 가장 높은 수치에 해당한다. 이례적으로 높은 수치가 나왔던 《경향신문》의 2011년 조사[4] 62.6%를 제외하면 증세 의향이 60%를 넘는 경우는 없었다. 특히 75.2%의 가장 높은 찬성률을 보인 한국사회여론연구소의 조사에서는 32.7%가 '적극적으로 부담하겠다'는 의사를 표해 (나에게는 특히) 충격을 안겨주었다.

이처럼 드높은 증세 동의율을 보면 한국 사회도 얼마든지 대중의 지지를 받는 보편 증세를 할 수 있고 이를 통해 복지강국이 될 수 있다고 말하고 싶지만, 안타깝게도 그렇지는 않다. 다른 조사들을 같이 보면 무려 70%를 넘어가는 증세 찬성 조사에는 상당한 거품이 껴 있다. 하지만 저 황홀한 증세 찬성률에 아무런 의미도 없지는 않을 것이다. 왜 저런 숫자가 나왔을지를 생각해보면, 조세저항을 이겨내는 방안에 대한 단서를 얻을 수 있다.

사람들이 흔히 조세저항의 이유라고 드는 것들이 저 당시라고 사라진 것은 아니었다. 거국적인 촛불집회 이후 대통령이 바뀌었을 뿐 세상은 그대로였다. 하지만 그럼에도 비록 일시적이나마 조세저항이 큰 폭으로 누그러졌다. 이것은 조세저항을 유발하는 기존의 원인들에 상당 부분 허수가 있다는 뜻이다. 조세저항의 원인들이 그대로인데 그것이 완화되었으니 말이다.

장제우의 세금수업

2017년은 역시 시대적인 상황이 특수했다. 촛불집회와 탄핵 이후 조기 대선까지 이어졌던 격변의 시기였다. 특기할 것은 대다수의 사람들이 세상이 나아지길 바라는 마음을 공개적으로 표명함으로써 거대한 변화의 에너지가 발생했었다는 점이다. 눈에 띄게 상승한 증세 찬성률은 바로 여기에서 비롯됐다고 추정한다.

"복지정책에 필요한 재원은 궁극적으로 국민 개개인의 미래에 대한 꿈과 신뢰에서 나오는 것." 이는 박찬운 한양대 교수가 스웨덴 연수 시절 느꼈던 소회이다.[5] 조세저항의 극복도 결국 이와 마찬가지의 원리라고 생각한다. 더 나은 미래를 그리는 바람, 희망, 열망. 바로 이런 것들이 복지 재원의 궁극적인 원천이지만 우리에겐 이 원천이 메말라 있다. 한국 국민의 이기심을 표상했던 거센 조세저항은 바로 이 '꿈의 가뭄' 때문이다. 가뭄을 해소할 희망의 단비가 대지를 적실 때 오랜 조세저항도 사라질 수 있을 것이다. 이것이 『세금수업』이 전하는 아주 작은 희망의 단서다.

부디 이 책이 그 단비의 역할에 아주 조금이나마 충실했기를….

주

1장

1. 「비전 2026 소득 10만 불 시대 온다 "능력이 성공의 첫째 요건" 50%」, 《매일경제신문》 1996. 3. 25.
2. OECD Health Statistics 2019, Frequently Requested Data, https://www.oecd.org/health/health-data.htm
3. OECD Economic Outlook, https://stats.oecd.org/
4. 기타오카 다카요시, 『복지강국 스웨덴, 경쟁력의 비밀』, 최려진 옮김. 위즈덤하우스 2012(2010), 110~112면
   김의동. 「세계화 시대의 스웨덴 모델: 신자유주의 정책과 복지국가체제 간 정합성을 중심으로」, 국제지역연구 제10권 제2호, 385~413면
   유모토 켄지·사토 요시히로, 『스웨덴 패러독스』, 박선영 옮김. 김영사 2011(2010), 73면, 76~77면
   최연혁, 『우리가 만나야 할 미래』, 쌤앤파커스 2012a, 23~25면
5. 「焦點 7월중 고용동향 분석」, 《연합뉴스》 1998. 8. 25.
6. OECD SOCX. https://stats.oecd.org/
7. 신광영, 『스웨덴 사회민주주의: 노동, 복지와 정치』, 한울 2015, 167~168면
   최연혁·임재영, 「주요국의 사회보장제도: 스웨덴」, 한국보건사회연구원 2012, 65~74면
8. 최연혁, 2012a, pp.77~78.

장제우의 세금수업

9. OECD Revenue Statistics, https://stats.oecd.org/

10. 하수정, 『스웨덴이 사랑한 정치인, 올로프 팔메』, 폴리테이아 2012, 190~191 면, 199면

11. Barbara Martin Korpi 「THE POLITICS OF Preschool - intentions and decisions underlying the emergence and growth of the Swedish pre-school」, The Ministry of Education and Research 2016, 36면

12. 김영미, 「스웨덴의 시간제근로: 유연성과 성평등의 긴장 속 공존」, 산업노동연구 제17권 제1호 2011, 297~323면
    신필균, 『복지국가 스웨덴』, 후마니타스 2011, 94면, 96면, 194면

13. 권정윤·한유미, 「스웨덴 보육의 배경과 현황」, 아동학회지 제26권 2호 2005, 175~191면

14. 권정윤·한유미, 2005, 175~191면
    서문희 외, 「보육시설 이용시간에 따른 비용 지원체제 개편 방안」, 육아정책연구소 2010, 120면

15. 권정윤·한유미, 2005, 175~191면

16. 최연혁, 「저출산·고령화와 미래 경제사회: 17편 스웨덴의 저출산 대응정책과 중장기 파급효과 분석」, 한국보건사회연구원 2012b, 140면, 159~161면

17. 신필균, 2011, 190면

18. OECD Family Database, https://stats.oecd.org/

19. 최연혁, 2012b, 163~164면

20. 최연혁, 2012b, 164면

21. 다음의 자료들을 토대로 재구성한 내용이다.
    김현숙, 「1992년 DEL 개혁 이후 스웨덴 노인보호서비스제도의 변화에 대한 연구」, EU연구 제27호, 한국외국어대학교 EU연구소 2010, 181~212면
    조남경, 「스웨덴 노인 재가돌봄서비스의 발전과 변화」, 사회서비스연구 제5권 제1호, 한국사회서비스학회 2014, 81~124면
    신광영, 2015, 162~163면
    최연혁·임재영, 2012, 319~326면, 332~334면
    신필균, 2011, 125~134면, 235~236면
    유모토 켄지·사토 요시히로, 2011(2010), 79~80면

22. OECD Elderly population rate,
    https://data.oecd.org/pop/elderly-population.htm

23. OECD SOCX, https://stats.oecd.org/

24. Social Expenditure Update (January 2019),

https://www.oecd.org/social/expenditure.htm

OECD Population Statistics, https://stats.oecd.org/

2장

1. Swiss Re. World Insurance 각 연도.

2. 이태규, 「예·적금 깨고 보험 해약하며 생활 유지하는 서민 늘어」, 국회의원 보도자료 2019

3. 「살림 팍팍해져 보험해약 늘자··· "보험료 다 받아주겠다" 업체까지 등장」, 《조선비즈》 2019. 9. 25.

4. 한국소비자원, 「생명보험 중도해약 사유, 경제사정이 가장 많아」, 한국소비자원 보도자료 2019

5. 생명보험협회 통계연보, https://www.klia.or.kr/

6. 김영주, 「생보사 보험 중도해지로 소비자 연간 7조 원 손실」, 국회의원 보도자료 2012

7. 국민권익위원회, 「보험피해 방지를 위한 제도개선」 2010

8. 「[김상조의 경제시평] '유능한 경제정당'의 전제조건」, 《경향신문》 2015. 9. 29.

9. OECD, 2018, Education at a Glance 2018: OECD Indicators. OECD Publishing, Paris.

10. OECD, 2019a, Education at a Glance 2019: OECD Indicators. OECD Publishing, Paris.

11. 성명재, 「소득분배 개선을 위한 조세·재정정책 방향」, 『응용경제』 제13권 제2호, 한국응용경제학회 2011, 31~70면
성명재, 「소득재분배 효과 제고를 위한 조세·재정정책 방향」, 『예산춘추 NABO Budget & Policy』 2014년 겨울호(통권 제37호), 국회예산정책처, 40~47면

12. 국가통계포털 http://kosis.kr/

13. 양정호, 「우리나라 역대 정부의 사교육비 추이 분석」, 『교육행정학연구』 제31권 제4호 2013, 421~448면

14. 박광온, 「지난 5년간 사교육시장 지하경제 약 97조 원」, 국정감사 보도자료 2015

15. 한국은행, 「금융안정보고서」 2018, 94면

16. 김세직·고제헌, 「한국의 전세금융과 가계부채 규모」, 『경제논집』 57권 1호,

서울대학교 경제연구소, 39~66면

17. 「4월 전세대출 100조원 돌파…올해 들어서만 10조원 증가」, 《연합뉴스》 2019. 7. 23.

18. 국토교통부, 「2018년도 주거실태조사: 연구보고서」 2019, 36면

19. Eurostat, ilc_mded04, https://ec.europa.eu/eurostat

20. Eurostat, Methodological guidelines and description of EU-SILC target variables(Version August 2017), https://ec.europa.eu/eurostat/web/income-and-living-conditions/ methodology

3장

1. 성명재, 「부가가치세율 조정의 소득재분배 효과: 복지지출 확대와의 연계 가능성」, 『월간재정포럼』 10월호, 한국조세연구원 2012, 18~33면

2. 박명호·정재호, 「부가가치세 유효 세부담 변화 분석과 정책방향」, 한국조세재정연구원 2014, 72면

3. 전승훈, 「응능과세원칙을 고려한 부가가치세 역할 강화 방안: 세율인상, 면세조정, 경감세율 도입의 효과 분석」, 『재정정책논집』 제21집 제1호, 한국재정정책학회 2019, 93~123면

4. Lim & Kim, 『A Better Life in First Class: Inequality in Experienced Well-being and Time Use in Korea』, University of Wisconsin-Madison 2013

5. OECD, 『Tax Policy Reform and Economic Growth』, OECD Publishing 2010
   OECD, 「Economic Policy Reforms: Going for Growth 2018」 Chapter 4, Structural Policy Indicators (Excel), http://www.oecd.org/economy/growth/going-for-growth-2018.htm

6. OECD, 『Revenue Statistics 2019』, OECD Publishing, Paris 2019b

7. European Union. 『Taxation Trends in the European Union Data for the EU Member States, Iceland and Norway. Luxembourg』, Publications Office of the European Union. 2019.

8. Eurostat. 「Interaction of household income, consumption and wealth – statistics on taxation」, https://ec.europa.eu/eurostat/statistics-explained/index.php/Interaction_of_household_income,_consumption_and_

wealth_%E2%80%93_statistics_on_taxation#Direct_taxation

9. 기획재정부, 조세개요 각 연도

국세청, 국세통계연보 각 연도

https://www.nts.go.kr/

10. 한국조세재정연구원, 「OECD 회원국의 조세통계로 본 국제동향」 2017

11. 기획재정부, 「《연합뉴스》 등의 "간접세 비중 5년來 최고, 3년 연속 상승" 보
도 관련 보도자료」, 2011

12. OECD, 2010

13. 국세청, 「한눈에 보는 국세 통계」, 2008

14. Australian Treasury, 「Architecture of Australia's tax and transfer sys-
tem」, 2008

Australian Treasury, 「Pocket guide to the Australian taxation system
2012-13」, 2013

15. Australian Broadcasting Corporation. 2015/11/17. Fact check: Compar-
ing Australia's income tax take with other OECD countries. https://
www.abc.net.au/news/2015-11-17/fact-check-tax-rate-vs-the-oecd-
scott-morrison/6925134

16. 한국조세재정연구원, 2017

17. 국회예산정책처, 「한국 조세제도의 발전과정과 현황」 (2018)

18. 국회예산정책처, 2019 「경제·재정 수첩」 (2019)

4장

1. 「한국 간접세 비중은 42.7%... OECD 평균보다 5.7%P 낮아」, 《한국경제신문》
2017. 8. 18.

2. 공공서비스노동조합총연맹, 「조세정의 실현되면 세금폭탄도 없다」 성명자료
2017, http://kcpu.org/index.php?tpf=board/view&board_code=2&code=
352

3. 「[기고] 간접세 낮춰 서민경제 되살려야」, 《매일경제신문》, 2013. 5. 8.

4. 「부가세 올려 복지하자고? "부자감세 지키려는 궤변"」, 《미디어오늘》, 2012. 11.
9.

5. 「직접세보다 간접세 4배 더 내는 서민들」, 《조선비즈》 2011. 11. 11.

6. 박남범 외, 『경제 선생님, 스크린에 풍덩!』, 서해문집 2014

7. 기획재정부,《매일경제신문》「간접세 낮춰 서민경제 되살려야」기고 관련 보도 자료 2013

8. OECD, 「Economic Policy Reforms: Going for Growth 2013」Chapter 4, Structural Policy Indicators (Excel), https://www.oecd.org/economy/going-for-growth-2013.htm

9. 「통일세 평계, 서민 호주머니 털기 안 된다」,《미디어오늘》, 2010. 8. 16.

10. Australian Treasury, 2008

11. JTBC, '비정상회담' 53회 「우리나라가 살기 나쁜 나라라고 생각하는 나, 비정상인가요?」 2015. 7. 6.

12. 윤홍식, 「복지국가의 조세체계와 함의: 보편적 복지국가 친화적인 조세구조는 있는 것일까」,『한국사회복지학』, Vol.63, No.4, 2011, 277~298면

5장

1. OECD, 『Taxing Wages 2015』, OECD Publishing, Paris

2. 최연혁, 「스웨덴 복지제도의 변화와 도전」, 지속가능한 복지체제 모색을 위한 정책토론회, 한국보건사회연구원 2011, 9~10면
   김인춘·박지현, 「북유럽 국가들의 복지재정 제도 연구」, 한국지방세연구원 2013, 39~42면

3. 김인춘·박지현, 2013, 39~40면
   유모토 켄지·사토 요시히로, 2011(2010), 126면, 257~258면
   Swedish Tax Agency, 『Taxes in Sweden 2014: An English Summary of Tax Statistical Yearbook of Sweden』 2015, 19~20면

4. 「'나는야 행복한 CEO' 이강호 한국그런포스펌프 대표」,《이코노미조선》 2013. 7. 1.

5. 이강호, 「인문학 아고라: 어떻게 살 것인가?」, 플라톤 아카데미 2014, https://www.youtube.com/watch?v=3H0nEFGbO4o

6. 「덴마크 웨이터가 한국 의사보다 행복한 이유」,《오마이뉴스》 2013. 7. 23.

7. 「Living Wages, Rarity for U.S. Fast-Food Workers, Served Up in Denmark」,《The New York Times》, 2014. 10. 27.
   「덴마크 버거킹 직원의 시간당 임금은 20달러, 미국 버거킹 직원의 임금은 9달러」,《뉴스페퍼민트》, 2014. 10. 31.

8. 「Can Fast-Food Work Ever Be A Decent Job? These Swedish McDon-

ald's Workers Say Yes」,《Fast Company》 2015. 10. 28.

9. IMF, 「World Economic Outlook Database(WEO) October 2015」, 2015, https://www.imf.org/en/data

10. IMF, International Financial Statistics(IFS), https://www.imf.org/en/data
IMF, 2015
OECD, 2015

11. Statistisches Bundesamt, 「Labour cost comparison across EU countries for 2015: Germany ranking eighth.」, Press release No. 143 of 26 April 2016, https://www.destatis.de/EN/Press/2016/04/PE16_143_624.html

6장

1. 오연호, 『우리도 행복할 수 있을까』, 오마이북 2014, 107면

2. 「믿기지 않지만, 세금 더 걷자 해도 당선되는 나라: '진보정의당-유럽 복지국가 대사 강연①' 라르스 다니엘손 주한 스웨덴 대사」,《오마이뉴스》 2013. 6. 20.

3. 「세금 더 걷겠다는 공약에 표 던진 스웨덴」,《조선일보》 2014. 9. 16.

4. 「"북유럽식 사회민주주의" 45%」,《한겨레》 2004. 5. 16.
「물질적 풍요보다 사회복지 우선」,《한겨레》 2004. 5. 16.
「"복지 위해 세금 더 낼 것" 18%뿐」,《한겨레》 2004. 5. 16.

5. 「시장 중심 사회에 피로감… 국가역할 확대 기대」,《한겨레》2010. 5. 13.
「47% "빈부격차 작은 사회가 미래상"」,《한겨레》 2010. 5. 13.
「"성장보다 복지" 원하는 국민 6년새 30%→48%로」,《한겨레》 2010. 5. 13 .

6. 한국사회여론연구소, 「특집: 양극화 해소를 위한 증세 문제, 국민들의 인식은?」, 『동향과 분석』 제63호

7. 김동열, 「제20대 국회의 정책 방향에 대한 국민 의견 조사」, 『현안과 과제』 16-26호, 현대경제연구원 2016

8. 김태규, 「'공정·불평등 해소'가 시대정신… "복지 위해 세금 더 낼 것" 65%」,《한겨레》 2017. 4. 5.

10. 김태규, 2017. 4. 5.

11. 국가지표체계 http://www.index.go.kr

12. 「3분기 출생아 7만명·출산율 0.88명, '역대 최소'」,《연합뉴스》 2019. 11. 27.

13. 「김한길 "서민 벼랑으로 내모는 증세는 세금폭탄"」,《연합뉴스》 2013. 8. 12.

「전병헌 "세제안, 중산층 서민살상용 세금폭탄"」, 《뉴시스》 2013. 8. 9.

「"등골브레이커형 세제개편"…민주, 국회서 제동 걸겠다」, 《노컷뉴스》 2013. 8. 9.

14. 「문재인 "朴대통령 얘기 참 충격…'이중의 배신'」, 《연합뉴스》 2015. 2. 10.

「문재인 "인양한 세월호를 팽목항이나 안산에 둬 안전한 대한민국의 상징과 교훈으로 삼자"」, 《경향신문》 2015. 4. 9.

15. 「文대통령 "증세해도 초고소득층과 초대기업에 한정"」, 《연합뉴스》 2017. 7. 21.

16. 「문재인 "연말정산 대란, 최경환 책임져야"」, 《경향신문》 2015. 1. 26.

17. 「"명예과세"-"세금폭탄"… 여야 증세 '프레임' 전쟁」, 《한겨레》 2017. 7. 24.

18. 「朴대통령 "국민 배신하는 것"…증세복지론에 쐐기」, 《연합뉴스》 2015. 2. 9.

7장

1. 신필균, 2011, 93면

2. 카를손, 잉바르·린드그랜, 안네마리네, 『사회민주주의란 무엇인가』 윤도현 옮김, 서울: 논형 2009(1996), 141면, 149~150면

3. 하수정, 『스웨덴이 사랑한 정치인, 올로프 팔메』, 폴리테이아 2012

수업을 마치며

1. 김태규 2017. 4. 5.

2. 「85% "부자증세 잘했다"… 72% "복지 위해 세금 더 낼 수도"」, 《한겨레》 2017. 8. 14.

3. 한국사회여론연구소, 「2017년 8월 정기여론조사 6: 증세 관련 의견 공감도 등」 2017

4. 「[창간 65주년 특집]소득 높을수록 "복지확대·증세"」, 《경향신문》 2011. 10. 4.

5. 박찬운, 「[정동에세이]비그포르스의 나라 스웨덴에서 깨달은 앎」, 《경향신문》 2013. 3. 27.

표 참고문헌

〈표 1〉 주요국의 세금과 민영보험료(2010~18 평균. GDP대비. %)
Swiss Re. World Insurance 각 연도.
OECD Revenue Statistics https://stats.oecd.org/

〈표 2〉 한국과 스웨덴의 사보험료 규모와 추이
한국은행. 국민계정 각 연도.
Swiss Re. World Insurance 각 연도.

〈표 3〉 1인당 GDP 대비 학생 1인당 공교육비의 비율(2016. %)
OECD, 「Education at a Glance 2017: OECD Indicators」, OECD
      Publishing, Paris (2017)
OECD, 「Education at a Glance 2019: OECD Indicators」. OECD
      Publishing, Paris (2019a)

〈표 4〉 OECD 주요국의 소득분위별 가처분소득 대비 VAT 부담률(%)
OECD·KIPF, 「The Distributional Effects of Consumption Taxes in
      OECD Countries, OECD Tax Policy Studies, No. 22」, OECD

장제우의 세금수업

Publishing, Paris (2014)

전승훈, 「응능과세원칙을 고려한 부가가치세 역할 강화 방안: 세율인상, 면세조정, 경감세율 도입의 효과 분석」, 『재정정책논집』 제21집 제1호, 한국재정정책학회 2019, 93~123면

〈표 5〉 OECD 주요국의 소비세(간접세)와 삶의 질

OECD Revenue Statistics https://stats.oecd.org/

OECD Tax Database
http://www.oecd.org/tax/tax-policy/tax-database/

World Happiness Report 2019. Chapter 2: Online Data.
https://worldhappiness.report/ed/2019/

〈표 6〉 노동연령층 현금복지의 계층별 배분과 삶의 질

OECD, 「Society at a Glance 2019: OECD Social Indicators」, OECD Publishing, Paris (2019c)

World Happiness Report 2019. Chapter 2: Online Data.
https://worldhappiness.report/ed/2019/

한국은행, 국민계정 2015년 기준년 개편 결과(2000~18년), 2019

참고문헌 (가나다순)

공공서비스노동조합총연맹, 「조세정의 실현되면 세금폭탄도 없다」 성명
　　　자료

국가지표체계 http://www.index.go.kr

국가통계포털 http://kosis.kr/

국민권익위원회, 「보험피해 방지를 위한 제도개선」 (2010)

국세청, 한눈에 보는 국세 통계 (2018)

국세청. 국세통계연보 각 연도 https://www.nts.go.kr/

국토교통부, 「2018년도 주거실태조사: 연구보고서」 (2019)

국회예산정책처, 「한국 조세제도의 발전과정과 현황」 (2018)

국회예산정책처, 「2019 경제·재정 수첩」 (2019)

권정윤·한유미, 「스웨덴 보육의 배경과 현황」, 『아동학회지』 제26권 2호
　　　2005

기타오카 다카요시, 『복지강국 스웨덴, 경쟁력의 비밀』, 최려진 옮김, 위
　　　즈덤하우스 2012(2010)

기획재정부, 조세개요 각 연도.

기획재정부, 「《연합뉴스》 등의 "간접세 비중 5년來 최고, 3년 연속 상승"
　　　보도 관련 보도자료」, 2011

장제우의 세금수업

기획재정부,《매일경제신문》"간접세 낮춰 서민경제 되살려야" 기고 관련 보도자료」, 2013

김동열, 「제20대 국회의 정책 방향에 대한 국민 의견 조사」, 『현안과 과제』 16-26호, 현대경제연구원 2016

김세직·고제헌, 「한국의 전세금융과 가계부채 규모」, 『경제논집』 57권 1호, 서울대학교 경제연구소

김영미, 「스웨덴의 시간제근로: 유연성과 성평등의 긴장 속 공존」, 『산업노동연구』 제17권 제1호 2011

김영주, 「생보사 보험 중도해지로 소비자 연간 7조 원 손실」, 국회의원 보도자료 2012

김의동, 「세계화 시대의 스웨덴 모델: 신자유주의 정책과 복지국가체제 간 정합성을 중심으로」, 『국제지역연구』 제10권 제2호

김인춘·박지현, 「북유럽 국가들의 복지재정 제도 연구」, 한국지방세연구원 2013

김현숙, 「1992년 DEL 개혁 이후 스웨덴 노인보호서비스제도의 변화에 대한 연구」, 『EU연구』 제27호, 한국외국어대학교 EU연구소 2010

박광온, 「지난 5년간 사교육시장 지하경제 약 97조 원」, 국정감사 보도자료 2015

박남범 외, 『경제 선생님, 스크린에 풍덩!』, 서해문집 2014

박명호·정재호, 「부가가치세 유효 세부담 변화 분석과 정책방향」, 한국조세재정연구원 2014

생명보험협회 통계연보 https://www.klia.or.kr/

서문희 외, 「보육시설 이용시간에 따른 비용 지원체제 개편 방안」, 육아정책연구소 2010

성명재, 「소득분배 개선을 위한 조세·재정정책 방향」, 『응용경제』 제13권 제2호, 한국응용경제학회 2011

성명재, 「부가가치세율 조정의 소득재분배 효과: 복지지출 확대와의 연계 가능성」, 『월간재정포럼』 10월호, 한국조세연구원 2012

성명재, 「소득재분배 효과 제고를 위한 조세·재정정책 방향」, 『예산춘추

NABO Budget & Policy』2014년 겨울호(통권 제37호), 국회예
　　산정책처

신광영, 『스웨덴 사회민주주의: 노동, 복지와 정치』, 한울 2015

신필균, 『복지국가 스웨덴』, 후마니타스 2011

양정호, 「우리나라 역대 정부의 사교육비 추이 분석」, 『교육행정학연구』
　　제31권 제4호 2013

오연호, 『우리도 행복할 수 있을까』, 오마이북

유모토 켄지·사토 요시히로, 『스웨덴 패러독스』, 박선영 옮김. 김영사
　　2011(2010)

윤홍식, 「복지국가의 조세체계와 함의: 보편적 복지국가 친화적인 조세
　　구조는 있는 것일까」, 『한국사회복지학』, Vol.63, No.4, 2011

이태규, 「예·적금 깨고 보험 해약하며 생활 유지하는 서민 늘어」, 국회의
　　원 보도자료 2019

전승훈, 「응능과세원칙을 고려한 부가가치세 역할 강화 방안: 세율인상,
　　면세조정, 경감세율 도입의 효과 분석」, 『재정정책논집』 제21집
　　제1호, 한국재정정책학회 2019

조남경, 「스웨덴 노인 재가돌봄서비스의 발전과 변화」, 사회서비스연구
　　제5권 제1호, 한국사회서비스학회 2014

카를손, 잉바르·린드그랜, 안네마리네, 『사회민주주의란 무엇인가』 윤도
　　현 옮김, 서울: 논형 2009(1996)

최연혁, 「스웨덴 복지제도의 변화와 도전」, 지속가능한 복지체제 모색을
　　위한 정책토론회, 한국보건사회연구원 2011

최연혁, 『우리가 만나야 할 미래』, 쌤앤파커스 2012a

최연혁, 「저출산·고령화와 미래 경제사회: 17편 스웨덴의 저출산 대응정
　　책과 중장기 파급효과 분석」, 한국보건사회연구원 2012b

최연혁·임재영, 「주요국의 사회보장제도: 스웨덴」, 한국보건사회연구원
　　2012

하수정, 『스웨덴이 사랑한 정치인, 올로프 팔메』, 폴리테이아 2012

한국사회여론연구소, 「특집: 양극화 해소를 위한 증세 문제, 국민들의 인
　　식은?」, 『동향과 분석』 제63호

장제우의 세금수업

한국사회여론연구소, 「2017년 8월 정기여론조사 6: 증세 관련 의견 공감도 등」 2017

한국소비자원, 「생명보험 중도해약 사유, 경제사정이 가장 많아」, 한국소비자원 보도자료 2019

한국은행. 국민계정 각 연도.

한국은행, 금융안정보고서 2018

한국은행, 국민계정 2015년 기준년 개편 결과(2000~18년) 2019

한국조세재정연구원, 「OECD 회원국의 조세통계로 본 국제동향」 2017

Australian Treasury, 「Architecture of Australia's tax and transfer system」, 2008

Australian Treasury, 「Pocket guide to the Australian taxation system 2012-13」, 2013

Barbara Martin Korpi, 「THE POLITICS OF Preschool - intentions and decisions underlying the emergence and growth of the Swedish preschool」, The Ministry of Education and Research 2016

European Union. 2019. Taxation Trends in the European Union Data for the EU Member States, Iceland and Norway. Luxembourg: Publications Office of the European Union.

Eurostat, ilc_mded04, https://ec.europa.eu/eurostat

Eurostat, Methodological guidelines and description of EU-SILC target variables(Version August 2017),

Eurostat, 「Interaction of household income, consumption and wealth - statistics on taxation」

IMF, 「World Economic Outlook Database(WEO) October 2015」, 2015

IMF, 「IMF. International Financial Statistics(IFS)」

Lim & Kim, 『A Better Life in First Class: Inequality in Experienced Well-being and Time Use in Korea』, University of Wisconsin-Madison 2013

OECD, 「Economic Policy Reforms: Going for Growth 2013」 Chapter 4, Structural Policy Indicators (Excel)

OECD, 「Economic Policy Reforms: Going for Growth 2018」 Chapter 4, Structural Policy Indicators (Excel)

OECD, 「Education at a Glance 2017: OECD Indicators」, OECD Publishing, Paris (2017)

OECD, 「Education at a Glance 2018: OECD Indicators」. OECD Publishing, Paris (2018)

OECD, 「Education at a Glance 2019: OECD Indicators」. OECD Publishing, Paris (2019a)

OECD, 「Revenue Statistics 2019」, OECD Publishing, Paris (2019b)

OECD, 「Society at a Glance 2019: OECD Social Indicators」, OECD Publishing, Paris (2019c)

OECD, 『Tax Policy Reform and Economic Growth』, OECD Publishing 2010

OECD, 『Taxing Wages 2015』, OECD Publishing, Paris

OECD · KIPF, 「The Distributional Effects of Consumption Taxes in OECD Countries, OECD Tax Policy Studies, No. 22」, OECD Publishing, Paris (2014)

OECD Economic Outlook. https://stats.oecd.org/

OECD Elderly population rate.

https://data.oecd.org/pop/elderly-population.htm

OECD Family Database https://stats.oecd.org/

OECD Health Statistics 2019 - Frequently Requested Data.

OECD Population Statistics. https://stats.oecd.org/

OECD Revenue Statistics https://stats.oecd.org/

OECD SOCX, https://stats.oecd.org/

OECD Tax Database

http://www.oecd.org/tax/tax-policy/tax-database/

Social Expenditure Update (January 2019).

https://www.oecd.org/social/expenditure.htm

Swedish Tax Agency, 『Taxes in Sweden 2014: An English Sum-
　　mary of Tax Statistical Yearbook of Sweden』 2015

Swiss Re. World Insurance 각 연도.

World Happiness Report 2019. Chapter 2: Online Data

https://worldhappiness.report/ed/2019/

장제우의 세금수업

당신의 세금이 우리 모두의 삶을 책임진다면

발행일 2020년 1월 31일 초판 1쇄
       2020년 3월 25일 초판 2쇄

지은이 장제우
편집 박성열, 정혜인, 조은이
디자인 김진성
인쇄 제본 상지사P&B

발행인 박성열
발행처 도서출판 사이드웨이
출판등록 2017년 4월 4일 제406-2017-000041호

주소 경기도 파주시 노을빛로 101-20, 202호
전화 031)935-4027   팩스 031)935-4028
이메일 sideway.books@gmail.com

ISBN 979-11-963491-4-1 03300

이 도서는 한국출판문화산업진흥원의 '2019년 출판콘텐츠 창작 지원 사업'의 일환으로
국민체육진흥기금을 지원받아 제작되었습니다.